翻訳出版編集後記

常盤新平

幻戯書房

目次

装丁 真田幸治

翻訳出版編集後記

一九六七年十一月——初めてのアメリカ

一九六七年十一月、私ははじめてニューヨークを訪れた。海外に出かけたのは、後にも先にもこの一回きりである。

あれからもう十年になるが、私にとってはいまもって懐かしくも楽しい思い出である。ケネディ空港からタクシーに乗り、六十丁目から五番街の灯を見たときのことを思いうかべることができる。「左側のあの建物がティファニーですよ」と言った早川浩氏の言葉も耳に残っている。

当時、私は早川書房の編集部員だった。翻訳出版がまだ盛んでない時代であり、翻訳権の争奪戦も今日ほどはげしくない、いまから考えればのんびりした時代である。ただ、その二、三年前から翻訳出版の世界は少しずつ変りつつあった。

早川書房社長の早川清氏にお伴して、私がニューヨークへ行くことになったのも、一つには、そのような変化に対応するためだった。また、私に対する早川氏の好意と、昨年（一九七六年）亡くなった上司の福島正実のはからいもあったと思う。

この十年のあいだに、出版人や編集者やエイジェントが海外に出かけるのは珍しいことではなくなってしまった。この五月末にサンフランシスコでひらかれたＡＢＡ（米国書籍商協会）の大会に、わが国の出版関係者が多数参加したはずである。

出版界にとって、ニューヨークもロンドンもパリもどんどん近くなったが、それにつれて版権料のほうも驚異的な値上がりを示してきた。この版権料の高騰からも日本の出版界の高度成長ぶりがうかがわれる。版権争奪の激烈な事情もわかる。しかし、版権料が高くなったのは、なんといっても翻訳ものが売れるようになったからだろう。

翻訳状況の変化

一九六七年当時、十万部を超す翻訳ものは、一年に一冊出ればいいほうだった。ハヤカワ・ノヴェルズとハヤカワ・ノンフィクションの編集を担当していた私が、翻訳者に仕事を依頼するときは、おおむね初刷は五千部であると申しあげていた。アメリカでいかにベストセラーになろうと、評判がよかろうと、日本で売れるか売れないかは、手さぐりでもまだわからない時代だったのである。翻訳ものには片仮名が出てくるんでねえ、と取次店から敬遠されたころである。

ニューヨークはいまよりはるかに遠い異国の街だった。一ドルが三百六十六円だったと記憶する。海外へのドルの持出しは五百ドルにかぎられていたので、渡米にあたっては、チャールズ・タトル氏に便宜をはかってもらったものである。

正直のところ、私はニューヨークに行くのは、気がすすまなかった。べつに行かなくても、仕事に不便を感じていなかった。エイジェントを排して、早川書房と海外の出版社やエイジェントとの直接交渉による契約の事務も軌道にのりかけていた。

早川氏が渡米に積極的だったのは、コロンビア大学に在学していた長男の浩氏に会いたいということもあったが、私を慰労したい気持もたぶんにあったのではないかと思われる。遊ぶつもりで行けばいいじゃないか、と早川さんはなんども私に言われた。

たしかに、ニューヨークに行くのはけっして辛い仕事ではない。早川書房と直接取引をしている出版社やエイジェントを訪ねて、売上報告書を渡し、懸案の本についてこちらの意見を言い、新刊の話を聞くだけでいいのである。予定は二週間だった。

予定は浩さんがたててくれた。私は日記をつけないが、ニューヨークの滞在中のことは覚書のつもりでノートブックに書きとめておいた。何年ぶりかで、そのノートブックをとりだしてみたら、浩さんがつくってくれた予定表のコピーがはいっている。

早川浩さんはコロンビア大学に通いながら、私の指示でニューヨークの出版社やエイジェントとの交渉に当たってくれた。彼の明朗な人柄はマグロー・ヒル社の著作権担当だったアルフレッド・ヴァン・ダー・マーク氏やスコット・メレディス・リテラリー・エイジェンシーのジョン・ホルト氏に愛されたらしい。早川さんと私のニューヨーク訪問が成功したとすれば、それは浩さんが私たちのために無理のない、しかし、綿密な計画をたててくれた結果である。

それでも十一月二十七日の月曜日から出版社、エイジェントまわりをはじめ、週末の十二月二日と三日の両日、ワシントンDCで休養をとったものの、十二月七日にリピンコット社の社長ジョゼフ・リピンコットと編集者のジョン・ヒルの両氏と昼食を共にして、スケジュールを消化したときは、早川さんは脚を悪くされ、浩さんは流感におかされ、私は疲労しきっていた。

スコット・メレディスとの交渉

出発前に、私はノーマン・メイラーの『なぜぼくらはヴェトナムへ行くのか?』の版権がまだ決まっていないことを知っていた。メイラーは本来なら新潮社から翻訳が出るべき作家である。しかし、『なぜぼくらはヴェトナムへ行くのか?』は新潮社、河出書房新社、集英社の三すくみの状態にあった。メイラーをそれまで一手に訳してきた山西英一氏はそのことで苦慮されていたらしい。

ノーマン・メイラーのエイジェントはスコット・メレディスである。メレディスといえば、版権のオークションをはじめて、出版を紳士の事業と考える老舗の出版社から不評を買ったエイジェントであり、エド・マクベインやエラリー・クイーンなどの探偵作家のほか、SF作家のエイジェントだった。

そういうエイジェントだったから、早川書房とは縁が深かったわけで、海外の出版社やエイジェントと直接取引したいとの私たちの申し入れに対して、いちはやく応じてくれたのが、スコット・メレディスだった。そのほうが日本側のエイジェントに十パーセントを払わなくてもすむので、お互いに得ではないか、というメレディスの手紙をもらって、苦笑したものである。

その後、こちらが探偵小説やSFの版権を直接申し込み、メレディスのほうから送られてくる契約書には、小さな便箋に書いた手紙が同封されていた。そして手紙の末尾にはかならず"with payment very soon"（アドバンス〈印税前払金〉を早く支払ってもらいたい）と記してあった。

そのアドバンスの小切手を届けるのは、早川浩さんの役目だったと思う。彼はスコット・メレディス・エイジェンシーのシドニー・メレディスの下で仕事をしているジョン・ホルト氏に小切手を届けるうちに、この若禿のホルト氏と親しくなった。ホルト氏は浩さんを「ヒロシ」と呼んでいた。

当時、早川書房は月に少なくとも一点ないし二点の版権をスコット・メレディスに申し込んでいたのではないかと思う。メレディスのほうも探偵小説やSFにかぎらず、何か大きなものを扱うと、そのゲラ刷（校正刷）を私たちに送ってくれた。ハヤカワ・ノンフィクションの事実上の第一冊となったアーヴィング・シューマンの『ハーロー』はその一冊であり、フェーレンバッハの『スイス銀行』もそうである。

スコット・メレディスと早川書房とは親密な関係にあった。メレディス・エイジェンシーの社長シドニー・メレディスが私たちをプラザ・ホテルのオーク・ルームへ晩餐に招待してくれたのも、たぶん私たちの関係を尊重したからだろう。また、これはあとでわかったことだが、打ちとけた晩餐の席で私たちから日本の出版事情について率直な意見を聞こうという計算もあったと思われる。

十一月三十日の午後七時、プラザ・ホテルのロビーで私たちはシドニー・メレディスとジョン・ホルトの両氏を迎えた。じつは、私たちはこのプラザ・ホテルに泊っていた。セントラル・パークに面した五十九丁目にあるホテルである。このホテルにはビートルズが泊ったこともあるし、「エスクァイア」を創刊したアーノルド・ギングリッチがシカゴからニューヨークに出てくると、ここに滞在して、執筆者に会っている。

私たちがニューヨークに行ったころ、「エスクァイア」がたまたま世界のホテルのベスト10を選んでいて、プラザ・ホテルがその一位か二位、ホテル・オークラが七、八位にはいっていたと記憶する。私は安いホテルに泊るつもりでいたのだが、どうせ泊るなら、いいところにしようと早川さんが言われ、浩さんの推薦もあって、プラザ・ホテルに決まった。

プラザ・ホテルに泊ったことは、いろんな面でプラスになった。エイジェントや出版社がメッセンジャーを使って、新刊のリーディング・コピー（検討用書籍）やプルーフ（事前宣伝用の仮綴じ本）、ゲラ刷を届けてきた。

メレディス氏はサーロイン・ステーキをご馳走してくれた。私たちは酒を飲んだが、メレディス氏はまだ仕事があるからといって、トマト・ジュースを啜っていた。マフィアを裏切って、FBIに密告したジョゼフ・ヴァラーキに似た、情悍な感じの人である。いかにもやり手という感じがした。プラザ・ホテルのこのオーク・ルームは、よく接待に使っていたらしい。

ノーマン・メイラーの版権取得

ステーキが来る前に、シドニー・メレディス氏は突然ノーマン・メイラーと訳者の山西英一氏のことを尋ねた。二人について、どう思うかというのである。私は率直に自分の意見を述べた。メイラーのような作家の新作が日本でまだ版権が売れていないのは、非常に不思議であること、なぜこれまでメイラーを出版してきた新潮社ではいけないのか、ということなどを言った。

すると、メレディス氏は意外なことを打ち明けてくれた。彼は山西氏に対して早川書房をすすめたところ、早川書房は探偵小説とSF専門の出版社なので、メイラーは向かないだろうと山西氏は答えたというのである。

山西氏の回答は当然であったと思う。なんといっても、早川書房はエンターテインメントの出版社だったし、いわゆる純文学の作品の翻訳権をぼつぼつとりはじめていたとはいえ、私自身、メイラーの翻訳を出すのは高望みだという気がしないでもなかった。ハヤカワ・ノヴェルズの一冊に小笠原豊樹氏の翻訳でメアリー・マッカーシーの『グループ』がはいっているけれども、これが文学作品だから、版権を取得したのではなかった。売れるという判断があったから、出すことにしたのだった。

私が企画と編集を命ぜられたハヤカワ・ノヴェルズは東京オリンピックが終った直後、正確には一九六四年の十一月にスタートした。ジョン・ル・カレの『寒い国から帰ってきたスパイ』とマッカーシーの『グループ』ではじめられた。私はあくまでも本来の大衆小説を中心にして、ハヤカワ・ノヴェルズをつづけるつもりでいた。

そのころ、企画についてお知恵を拝借していたアメリカ文学の浜本武雄氏から、このハヤカワ・ノヴェルズにジョン・アップダイクを入れてはどうかとすすめられた。ちょうど、アップダイクが『ケンタウロス』を発表したころである。たしか、そのリーディング・コピーが早川書房にタトル商会から来ていたはずである。私は、アップダイクはまだ早すぎるし、難しすぎるという理由で、浜本さんのすすめを断わってしまった。これは私の失敗であったといまでも後悔している。『寒い国から帰ってきたスパイ』と『グループ』の成功で、たぶん私は不遜になっていたのだろう。不勉強だったということもある。あまりにも企画を限定しすぎた、という悔いが残った。

おそらく、アップダイクの版権料はそのころなら安かったはずである。一九六五年当時、探偵小説やＳＦの版権料の相場は平均百二十五ドルから百五十ドルだったから、アップダイクなら二百五十ドルから三百ドルで版権がとれたのではないかと思う。もっとも、三百ドルは早川書房にとって大金であったが。

ノーマン・メイラーの版権料は、『なぜぼくらはヴェトナムへ行くのか？』は七、八百ドルだとの情報を得ていた。シドニー・メレディス氏は、早川書房はいくら出せるかと私たちに訊《き》いた。私たちは話がいきなりここまで進展するとは予想していなかったが、スコット・メレディスが万が一、早川書房の申し込みを受けつけた場合を考えて、前もって一定の線を出していた。

もう十年前のことなので、アドバンスについて書いてもいいと思うが、私たちが提示した額は千三百ドルだった。早川書房としては破格のアドバンスである。それまでアドバンスが千ドルを超えたのは、ドミニク・ラピエールとラリー・コリンズ共作の『パリは燃えているか？』の一点だけである。

シドニー・メレディス氏は非常に喜んだ。メイラーの件で火曜日（十二月五日）にオフィスで会おうと言った。そのとき、契約書を渡そう。これでニューヨークまではるばる出かけてきた甲斐があったと思った。早川清氏も喜んでいた。文学作品の版権をとることについては、私よりむしろ、早川さんのほうが積極的だった。いつまでもミステリーやSFでは仕方がないという思いがあったのだろう。

『ルーツ』がリストの中に

その十一月三十日は、前日までつづいた、ニューヨークでは珍しいほどの小春日和と打ってかわって、雪がはげしく降っていた。メレディス、ホルトの両氏と別れるとき、二人は私たちがプラザ・ホテルに泊っていることをはじめて知って、羨ましそうな顔をした。

「ノーマン・メイラーがどうなるか、楽しみである」と私はノートに書いている。部屋にもどった私たちは祝盃をあげたのではなかったか。部屋にはカティ・サークとジャック・ダニエルズがおいてあった。浩さんの差し入れである。カティ・サークとジャック・ダニエルズがよく飲まれていることを浩さんは教えてくれた。

しかし、メイラーは簡単に決まらなかった。一時はメイラーを諦めなければならないのかと思ったこともある。帰国してから二か月ほどして、ようやく交渉がまとまるのだが、その間、たえず私を励まし、メレディス相手の交渉の秘伝を私に授けてくれたのは、宮田昇氏である。

私のノートには、良心的なエイジェントとして信用篤いエイジェントのポール・レイノルズを訪ねたときのことも書いてある。ここですすめられた本のなかに珍しいものがはいっていた。

私はノートにその本のタイトルを見つけたとき、愕然となった。ウィリアム・シャイラーやトム・ウィッカー、コンラッド・リクター、リチャード・キムなどの作品にまじって、進行中の本の題名と著者名が記してある。

〝Negro Questions〟 by Alex Haley

十年前、レイノルズ氏は私たちにアレックス・ヘイリーの『ルーツ』[*1]をすすめたのである。

＊1　邦訳は一九七七年に社会思想社から刊行され、ベストセラーになった（安岡章太郎、松田銑《せん》訳）。

ポール・レイノルズとトーランド

エイジェントによって、版権交渉が短時日ですんなりと決まることがあったし、難航することもあった。エイジェントには二種類あるのではないかと思ったものである。条件を少しでも上げようとするエイジェントと、こちらの条件をあっさり呑んでくれるエイジェントと。後者はわれわれに理解があったというよりも、現在とちがって、日本の市場があまりにも小さかったからだろう。

ポール・レイノルズは、タトル商会を通じていたときでも、その後、早川書房と直接の取引になってからも、版権交渉はつねに順調にはこんだ。レイノルズが扱っている本の版権を当時タトル商会にいた宮田昇氏に申し込んで、この条件でまとまるだろうかと尋ねると、宮田さんが自信をもって言われたのをよくおぼえている。

「相手はポール・レイノルズだから、すぐＯＫの返事が来るよ」

早川書房が、もっぱらタトル商会を通じて翻訳権を申し込んでいたころは、私もエイジェントについてほとんど知らなかったし、また知らなくてもよかったのである。

じつは、宮田さんがタトル商会の著作権課を実質的に取りしきっていたころは、宮田さんに版権の交渉を依頼すれば、訳者に翻訳をすすめてもらっても、まず間違いはなかった。いま考えてみれば、出版社にとってこれほど安心なことはない。それは氏が得ていた絶大な信用であったと思う。

エイジェントに関する知識はなかったけれども、私がポール・レイノルズというエイジェントを知るにいたったのは、いつも版権交渉が簡単にまとまっていたからだろう。宮田さんからも、レイノルズの話を折にふれて聞いていたにちがいない。「パブリッシャーズ・ウィークリー」誌や「サタデイ・レビュー」誌にレイノルズ自身、エイジェントの苦心談を書いていた。

数年前に出たポール・レイノルズの『ミドルマン』という自伝を読んでいないので、詳しいことはわからないが、彼はたしかハロルド・オーバーのもとでエイジェントの仕事をしていたはずである。ハロルド・オーバーは、著者の面倒見がよかったので、聖ハロルドと呼ばれた。スコット・フィッツジェラルドのエイジェントとして有名で、最後までフィッツジェラルドを援助している。ポール・レイノルズはこのハロルド・オーバーから独立して、エイジェンシーをはじめるにいたったのである。

映画化作品の翻訳

私がとくにポール・レイノルズに一種の親近感を抱いたのは、一つには彼がジョン・トーランドのエイジェントだったからだと思う。トーランドには、『大日本帝国の興亡』（毎日新聞社）の取材で一九六六年に来日したときに会っている。ちょうど、『バルジ大作戦』が故人となった向後英一氏の訳で早川書房から出たころである。

その三年前、トーランドの『ディリンジャー時代』が「ルック」誌に二回にわたって掲載された。一九六三年の一月二十九日号と二月十二日号である。当時は、「ルック」、「ライフ」の両誌がはげしく競り合っていて、「サタデイ・イヴニング・ポスト」誌にそろそろ翳りが見えはじめたころであるが、まだマス・マガジンの全盛時代だったといってもいい。

記憶に間違いなければ、『ディリンジャー時代』が載った二冊の「ルック」誌とタトル商会を通じて送ってもらったリーディング・コピーを編集会議に私が提出して、早川書房で版権を取得した。『ディリンジャー時代』は犯罪実話として出色の作品だったと思う。トーランド自身、犯罪はひきあわないという諺《ことわざ》があるように、この本はあまり儲からなかったけれども、犯罪記録の古典として残るだろう、と私にその自信のほどを語った。

『ディリンジャー時代』は仕事の遅い私の訳で五年後に出るのだが、その前に『バルジ大作戦』と『最後の100日』を出すことができた。とくに『バルジ大作戦』は、『ディリンジャー時代』でトーランドを知らなかったら、翻訳されることはなかったかもしれない。

たぶん、一九六五年の暮か六六年が明けてまもない編集会議の席上で、映画通の早川清氏が『バルジ大作戦』の映画のことを話された。この映画の原作はないのか、ということだったと記憶する。

いまでこそ、映画化ものの翻訳が盛んで、逆に映画のシナリオを小説にした、いわゆるノヴェライゼーションが大手をふってまかりとおる有様だが、早川氏は映画化ものの原作の翻訳に早くから積極的だった。ハヤカワ・ミステリ（ポケット・ミステリ）が安定してまもなく、私が入社する前の昭和三十年代のはじめごろ、『ジャイアンツ』とか『悪い種子』とか『灰色の服を着た男』とか映画化シリーズを十点ほど出している。[*1] それらはただ一点を除いて、全滅したといっていい。ただ一点残ったのが、スタインベックの『エデンの東』である。『エデンの東』が青春小説の古典として、いまも売れているのは、ほかの映画化ものの惨敗をつぐなってあまりあると思う。その意味で、このシリーズは成功したといえるのではないか。かえりみて、私が早川書房に十年も勤めることができたのは、私の失敗に対して会社がおおむね寛容であったからだろう。

トーランド夫妻の日本滞在

翻訳ものは十点のうち一点売れればいい、というのが私の持論である。企画がよほど悪くないかぎり、十点のうちに、かならず売れるものが一点ははいっている。そのかわり、刷部数をなるべく控え目にすることである。

早川さんが映画化ものに意欲的だったのは、映画の大きな宣伝力によって本を売っていくという狙いもあったと思う。

ここで、映画化ものの翻訳に熱心だったもう一人の名前をあげるならば、翻訳者であり日本ユニ・エージェンシーの一員である青木日出夫氏である。そして、青木さんは版権交渉という目的で最も早く渡米した編集者でもある。

『バルジ大作戦』の原作はないかと早川さんから訊かれたとき、私はたしかあるはずだと答えた。家の本棚にトーランドのそういう題名のペイパーバックがあるような気がした。私は結婚するとき、五千冊ばかりのペイパーバックを古本屋に売り払ったが、それから二年もすると、ペイパーバックが前よりも多く集まっていた。なにしろ、アメリカのペイパーバックは神田神保町の東京泰文社やブック・ブラザーで一冊五十円もしなかった時代である。安い買物だったから、ふえるのが当然だった。

そのなかに、トーランドの『バルジ大作戦』がはいっていたのである。そこで、早速タトル商会に版権を申し込み、向後英一さんに翻訳をすすめていただいた。ハヤカワ・ノンフィクションの一冊として出た『バルジ大作戦』は映画の成功、戦記ものの流行にたすけられて、かなり売れた。

この『バルジ大作戦』の発売の数日前に、トーランド夫妻が『大日本帝国の興亡』の取材で来日している。夫人は日本人である。一年間借りたという原宿のアパートを訪れて会ったジョン・トーランドは初老の温厚な紳士だったし、夫人はいかにも才気煥発な女性だった。

このとき、『最後の100日』がすでにアメリカで出ていて、ベストセラーのリストの上位にはいっていた。夫妻が滞在中に、『最後の100日』の訳者である永井淳氏といっしょに訪ねている。その帰途、永井さんとトーランド夫人の印象を語ったのをおぼえている。

『バルジ大作戦』の成功で、『最後の100日』の版権を早川書房がとるのは当然のことだった。この戦記ものは、ヨーロッパ戦線最後の百日の記録である。はじめは、トーランドもヒトラーの最後の百日にしぼって書くつもりだったらしい。

ところが、同じころ、『史上最大の作戦』(筑摩書房)のコーネリアス・ライアンが同じテーマで取材しているのを知り、トーランドはヨーロッパ戦線全体を扱うことにしたのだった。知名度からいえば、ライアンのほうがはるかに上であり、しかも、取材面でリーダーズ・ダイジェスト社の協力が得られるので、夫婦二人きりでヨーロッパを駆けずりまわるトーランド夫妻よりはるかにまさっていた。そのことは、トーランドが苦笑まじりで私に語ってくれた。だから、『最後の100日』はライアンの本よりも早く出したのだ、とトーランドは言うのだった。『最後の100日』はアメリカではベストセラーになったが、ライアンの『ヒトラー最後の戦闘』はしばらくベストセラー・リストの一位にあった。いま、アリス・ペイン・ハケットの『ベストセラー七十年――1895〜1965』という本を見ると、『ヒトラー最後の戦闘』は年間のベストセラーの九位だが、『最後の100日』は出ていない。

ちなみに、一九六六年のノンフィクションのベストセラーには、第三位にトルーマン・カポーティの『冷血』がはいっている。そして、マスターズとジョンソンの『人間の性反応』が第二位、シュレジンジャーの『ケネディ』が第五位、『ランダム・ハウス英語辞典』が第七位である。

『最後の100日』の成績はかんばしくなかった。訳者の永井さんには山の上ホテルにはいっていただいて、仕事を早めてもらったのであるが、結果はむなしかった。それでも、早川書房はトーランドの本を出していくつもりでいた。『最後の100日』のあとは、日本のことを書くことがわかっていただけに、その版権はぜひとも欲しかった。

トーランド夫妻が東京に滞在している間に、なんどか私も直接に版権を交渉したはずである。しかし、エイジェントがポール・レイノルズであるので、版権交渉はレイノルズにしてもらいたい、と夫妻からはねつけられたのではないかと思う。

早川さんは、夫妻を築地の中国料理に招待した。その席でも、取材中の〝The Rising Sun〟（『大日本帝国の興亡』）の話が出たけれど、結局レイノルズにまかせてあるということで、話はまとまらなかった。

『ライジング・サン』をめぐって

その翌年、早川さんと私がニューヨークに行った目的の一つは、この『ライジング・サン』だった。そのころには、早川書房はポール・レイノルズと直接交渉で版権を取るようになっていた。以下に私の日記から引用してみよう。日付は一九六七年十二月四日である。

午後三時、ポール・レイノルズにロバート・スターン夫人を訪ねる（スターン夫人を通して、早川書房は版権交渉を行なっていた）。まず、アーヴィング・ウォーレスの『ザ・マン』とモリス・ウェストの『バベルの塔』のアドバンスの小切手を早川浩さんより手わたす。

スターン夫人はケネス・デーヴィスの新作とコンラッド・リクターの小説のリーディング・コピーを送ると約束してくれる。

われわれはE・V・カニンガムの探偵小説三点（アドバンスは各百五十ドル）とリチャ

ード・アーマーの『それはヒポクラテスで始まった』（アドバンス二百ドル）を申し込んで、同女史の快諾を得る。

ポール・レイノルズ氏が顔を出す。長身、ちょうどウォルター・ピジョンが無精髭をはやしたような感じの初老の、率直な紳士だ。歯のすきまから声が抜けていくような話し方。レイノルズは、ウィリアム・シャイラーが『フランスの没落』を書いていることを教えてくれて、そのオプション[*2]を早川書房にあたえると言う。この本は一年以内に完成するそうで、レイノルズ氏はその一部をすでに読んでいる。[*3]

つづいて、話題はジョン・トーランドに移った。トーランドとしては、『ライジング・サン』の版権を高く売りたいという。日本の降伏を書くのだから、著者はヨーロッパの出版社に高いアドバンスを期待できないというのがその理由である。

そこで、われわれもトーランドの版権を取得するために、アドバンスとして三千ドル支払う用意があることを明らかにした。すると、レイノルズ氏はそれなら話になる、と言う。さっそくトーランドに電話しようと、部屋から出ていった。これでトーランドが決まれば、大収穫だと思ったのだが、やがてふたたび姿を現わしたレイノルズ氏は、首をふりながら、言った。トーランド氏が不在で、トシコ夫人が電話に出た。

夫人は『ライジング・サン』に触れないで、『最後の100日』の日本語訳がまだ届いてない、とレイノルズ氏に苦情を言ったらしい。それから、レイノルズ氏は苦笑をうかべ、ちょっと忙しいのでと言い訳して、引っこんでしまった。

ポール・レイノルズは予想どおり、われわれにきわめて厚意的だった。

結局、『ライジング・サン』の交渉は、私たちのニューヨーク滞在中にまとまらなかった。これは早川書房にとって大物すぎたということだろうか。『ライジング・サン』は、私が早川書房を辞めたあとで出版された。青木日出夫さんの努力で、日本ユニ・エージェンシーが扱うことになり、その結果、毎日新聞社がユニ・エージェンシーを通じて版権を取得したのだった。

昨年（一九七六年）、トーランドの『アドルフ・ヒトラー』が出て、しばらくベストセラーになった。これは永井淳氏の訳でプレイボーイ・ブックス（集英社）の一冊として出ると聞いている。こんどは、『最後の100日』のようなことはあるまい。

早川書房はジョン・トーランドという戦記作家を失ったけれども、早川浩さんはコーネリアス・ライアンの『遙かなる橋』（『遠すぎた橋』）の版権をみごとにさらっている。

ライアンについては、私は苦い思い出がある。『ヒトラー最後の戦闘』の翻訳権は、早川書房が早くから狙っていたし、九分九厘まで版権が取れると自信を持っていた。

トーランドや彼の版元のランダム・ハウス社がライアンのこの戦記を怖れて、刊行を急いだように、私たちもライアンのものが他社から早く出されることを懸念していた。なんといっても、ライアンは『史上最大の作戦』の著者である。

できるなら、ライアンの版権も早川書房が取って、時期を見て出版するというのが私たちの考えた作戦だった。しかし、ある日、この『ヒトラー最後の戦闘』が朝日新聞社に取られたことを知らされたのである。

＊1　『八月十五夜の茶屋』、『黄金の腕』、『殴られる男』など。ほかにハヤカワ・ポケット・ブックという映画原作のシリーズがあり、『麗しのサブリナ』、『必死の逃亡者』、『六番目の男』など二十点ほど刊行された。

＊2　優先選択権。一定期間内、翻訳出版権を取得するか否かを独占して検討できる権利。

＊3　『フランス第三共和制の興亡――1940年＝フランス没落の探究』の訳題で、一九七一年に東京創元社から刊行された（井上勇訳）。

ノヴェライゼーション出版への疑問

一九六七年当時、翻訳権の争奪をめぐって、いくつかの出版社がしのぎをけずるということはめったになかった。あったところで、早川書房とは無縁だった。翻訳出版界はおおむね平穏無事だったといってもいいだろう。しかも、そこはごくごく小さな世界だったと思う。翻訳出版物の売上げなど出版界全体のきわめてわずかなパーセンテージを占めていたにすぎない。

そのころ、早川書房は一か月に看板のハヤカワ・ミステリを四点、SFを二点ないし三点、それにハヤカワ・ノヴェルズとノンフィクションを各二点刊行していたはずである。ノヴェルズとノンフィクションはまず一万部売れれば、成功と考えてよかった。

一か月の出版点数は約十点だったから、毎月十点の翻訳権を買っていたことになる。その版権料が合計して二千ドルをこえることはほとんどなかった。探偵小説とSFはアドバンスが百二十五ドルから百五十ドル、ノヴェルズやノンフィクションでも二百ドルから二百五十ドルどまりで、三百ドルを上まわる本はあまりなかったのである。
ジョン・ル・カレの『寒い国から帰ってきたスパイ』にしても、アドバンスは三百ドル程度だった。その三百ドルを出すか出さないかで、連日、編集会議だった。たしか、タトル商会の宮田昇氏にもなんどか早川書房まで足をはこんでいただいた。

先見の明、スコット・メレディス

現在、海外では、早川書房は「ミスター・ヒロシ・ハヤカワがビッグ・マネー（大金）を払ってくれる出版社」として、すこぶる評判がいいらしい。それは、早川書房がこの十年余のあいだに急成長したことを示すものだろう。私が勤務していたころは、版権をいかに安く買うかが編集者の腕の見せどころだった。そのかわり、本を少しでも多く売って、原著者に印税を払おうという気持があった。

ニューヨークに行くとき、早川書房と直接取引している出版社やエイジェントに売上報告書を持参したのも、こちらの誠意をわかってもらいたかったからである。ただ、その売上報告書を最も熱心に見て、私たちの努力を評価してくれたのは、スコット・メレディス社のシドニー・メレディスだけだった。たぶん、スコット・メレディスが扱う本を早川書房が数多く出していたからでもあろう。探偵小説やSFは、スコット・メレディス扱いのものが圧倒的に多かった。

スコット・メレディスから直接送られてくるリーディング・コピーは探偵小説、SF、ウェスタンで、それもペイパーバックだった。早川書房にはそういうものを送ればいいと決めていたらしい。

いまとちがって、アメリカの出版社やエイジェントは日本の出版界についてほとんど何も知らなかった。シドニー・メレディスが私たちを夕食に招待してくれたのは、だから、日本の出版界について少しでも情報を得ようという魂胆があったからにちがいない。機を見るに敏なメレディスは、やがて日本が有力な市場になることを察知していたのだろうか。

シャーマン・ベイカーの『製作』

シドニー・メレディスが私に強烈な印象をあたえたのは、私たちの訪れた出版社の副次権部（版権を扱う部門）やほかのエイジェンシーの担当者がたいてい女性だったからだ。十一月二十七日、最初に訪ねたペイパーバック出版のデル・パブリッシング社も、私たちの相手はキャロル・ルイスという女性だった。どんな女性であったか、もう記憶にはないが、ここでダイアル・プレス社の春（一九六八年）の新刊リストを見せてもらった。そのなかに、ジョーン・バエズの自伝があったことが、私の日記にもしるされている。

キャロル・ルイス嬢は早川書房に大して関心がなかったのではないかと思う。事務的に会ってくれただけのことだろう。私は彼女にある小説のことを訊いてみた。シャーマン・ベイカーの『製作』という出版界を舞台にした小説である。かりに「製作」と訳してみたが、誤訳かもしれない。念のため、原題を書いておくと、〝The Making〟である。

ある出版社に編集長として迎えられた男が結局、社内のいざこざで没落していくという、月並みな小説だった。私はアメリカ出版界のことが活字でわかるなら、どんなものでも読んでやろうと思っていたので、ベイカーの小説に目を通したのだろう。

この小説にモデルはあるのか、と私はルイス嬢に質問してみた。はるばるニューヨークまでやってきて、こんな愚問を発するのだから、私も物好きだ。ベストセラーならともかく、大して評判にもならなかった小説である。ただ、主人公の編集長が愛人からダンヒルのライターを贈られてよろこんだり、業績の悪いその出版社に経営コンサルタントが乗りこんできて、いろいろと助言するくだりが、私には面白かった。

経営コンサルタントの助言の一つは、もっと詩集を出版すべきだというものだった。なぜなら、他の本にくらべて、詩集の部門はいちばん赤字が少ないからで、これには主人公も唖然とする。詩集の赤字が少ないのは、発行部数が一千部程度だったからだ。

また、主人公がダンヒルのライターで悦に入るところは、意外な感じを受けた。当時、早川書房でもダンヒルで煙草の火をつけている編集者が何人かいたのである。そのころかどうかはっきりおぼえていないけれども、腸の大手術をした宮田昇さんがふたたびタトル商会に憔悴した姿で出勤されるようになったとき、宮田さんを励ます会を開こうということになって、氏と親しい三人の編集長たちがダイヤモンド社の応接室に集まって相談した。私は使い走りとして、その下相談の席に出ていたのであるが、その話し合いの途中で、三人の編集長は偶然にもいっせいに煙草を取りだし、ライターで火をつけた。そのライターが三人ともダンヒルだった。

肝心のことは忘れてしまって、よくこんなつまらない出来事をおぼえているものだ。しかし、このような光景にはめったにお目にかかれないこともまた事実である。じつは、私もダンヒルをポケットに秘めていたが、それを出しそびれてしまった。

シャーマン・ベイカーの小説にダンヒルのライターが出てきて、それがいつまでも印象に残ったのは、アメリカの編集者も日本の編集者もそういうところで同じなのではないかと思ったからである。

『製作』という小説はハードカバーでもあまり売れなかったのだろう、ペイパーバックにならなかった。ただ、私はこの小説を契機に、アメリカ出版界を少しでも描いている小説を探して読むようになった。ポルノ仕立ての『エディター』とか、『パブリッシャー』、『ベストセラー』などという題名のペイパーバック・オリジナルにも目を通した。

ベイカーの小説にはモデルがある、とキャロル・ルイス嬢が皮肉な笑みをうかべて答えた。彼女も私を物好きだと思ったのかもしれない。シャーマン・ベイカーはセント・マーティンズ・プレスをモデルにしたのだという。そのことがわかっただけで、私は満足だったし、永年の謎が解けたような思いだった。

このセント・マーティンズ・プレスは最近最も活動している出版社の一つである。出版点数が多いので、「パブリッシャーズ・ウィークリー」誌の春秋の予告で目をひく。私がベイカーの小説を読んだころは、もっと地味な感じの出版社だった。

好評だった『ナポレオン・ソロ』

ルイス嬢との問答は早川浩氏がいたからできたのである。早川書房を辞めて、翻訳業にかわったいまも、かなしいかな、私は英語を話せない。聞くほうはある程度わかるけれど、話すほうはいまだにだめだ。ルイス嬢との会話は、だから、浩さんの通訳で行なわれた。それで気がついたのは、浩さんは「わが社」を〝our company〟と言っていたのであるが、ルイス嬢をはじめ、どのエイジェントも、〝our firm〟や〝our house〟と言ったことである。

デル・パブリッシング社のあとに訪ねたマクミラン社のリーンダース女史もそうだった。この女性はオランダ人で、東京のオランダ大使館に勤務していたこともある。そして、同じオランダ人のアルフレッド・ヴァン・ダー・マーク氏を知っていた。この好漢については、いずれ触れてみたい。

つぎに、私たちはエース・ブックス社の版権担当者、ジュリア・ウォーレス女史を訪問した。エース・ブックス社とは主としてSFで関係を深めていた。早川書房の編集室には資料としてエース・ブックスのSFシリーズが大量に並んでいたし、上司だった福島正実氏のお宅には、それが全冊あった。

しかし、エース・ブックスに早川書房が注目するようになったのは、TVで当たったナポレオン・ソロのシリーズのノヴェライゼーションを出していたからである。このTVエスピオナージは当時、「刑事コロンボ」ほどの人気があったし、スパイ小説のブームがまだつづいていた。

このノヴェライゼーションをすすめてきたのは青木日出夫さんである。ナポレオン・ソロのほかに、青木さんはデーヴィッド・ジャンセンの逃亡者シリーズもすすめてきた。青木さんとは、一九六二、三年ごろ神田の古本屋を通じて知りあった。早稲田の学生で、あなたみたいにアメリカのペイパーバックを集めている、とその古本屋は私に言ったのだった。青木さんは本好きであり、映画好きである。私なんかよりはるかに読むのがはやいし、しかもたくさん読んでいる。大学にはいる前は映画少年だったから、映画化される小説におそらく愛着を持つようになったのだろう。青木さんは早川書房に毎日のように電話をかけてきて、こういう本がありますが、まもなく映画になるので、どうですか、と言ってきた。

青木さんはすぐれた翻訳者であり、私はポルノの研究家、コレクターとして第一人者だと思っているが、いまも日本ユニ・エージェンシーに勤務して活躍しているのは、自分の好きな本を一冊でも多く世に知らしめたいという志があるからだろう。

私は、青木さんが本の悪口を言うのを聞いたことがない。いつも讃辞、讃辞である。読んだばかりの本について熱っぽく語る。すると、彼の目に触れた本はみんな傑作に思われてくる。

ハヤカワ・ミステリやハヤカワ・ノヴェルズには、青木さんがすすめてくれた本が多数ある。ナポレオン・ソロのシリーズもハヤカワ・ミステリで出た。ハヤカワ・ミステリは初刷は当時五千部だった。私はナポレオン・ソロの売行きにさほど期待していなかった。むしろ、ノヴェライゼーションなんかを伝統あるハヤカワ・ミステリに入れて、評判を落とすほうを心配した。ところが、ハヤカワ・ミステリにしてはびっくりするほどよく売れたのである。一冊目は伊東守男氏の訳、二冊目は企画者の青木さんだった。一九六五年暮のことである。

そのとき、青木さんは河出書房の編集者として渡米していた。三か月滞在して、アメリカを見てまわった。

その二年後に、私たちはエース・ブックス社でナポレオン・ソロ・シリーズの新作について契約を結んでいる。このシリーズがそれだけ売れていたことを示すものだろう。

たぶん、ノヴェライゼーションというものを最も早く翻訳出版したのは、早川書房だろう。いまはノヴェライゼーションの版権も高値を呼んでいるが、ナポレオン・ソロの場合は、やはり百五十ドルから二百ドルのアドバンスで、印税率が一万部まで五パーセント、二万部まで六パーセント、それ以上は七パーセントであったと思う。

それでも、エース・ブックス社のウォーレス女史は早川書房の申し込みをよろこんでくれた。そのことをよく記憶しているのは、女史がすごいつけまつ毛をして、厚化粧だったからだ。ペイパーバック出版社だから、こんな女性もいるのかと思ったほどである。

浩さんに聞いたかぎりでは、ウォーレス女史はふだん——私の日記によれば——「きたないなりをして働いているそうだった。今日は早川書房の社長と編集者の訪問に備えて、お化粧したらしい」。

そのころ、エース・ブックス社はペイパーバック・オリジナル専門の出版社だった。アメリカのペイパーバック出版社は、ハードカバーの出版社からペイパーバック権を買って出版するのであるが、エース・ブックスは書下ろしのペイパーバックばかりだった。したがって、出版社としてもはるかに格下だったけれども、そのオフィスは立派なビルのなかにあった。「とてもあんな粗末な本を出している出版社とは思われず」などと私のノートブックに書いてある。

私はダニー・ケイの『虹を摑む男』を思い出した。

ナポレオン・ソロのシリーズははじめのうちはよく売れて、十万部近くまでいったが、だんだんに成績は落ちていった。私自身、ノヴェライゼーションの翻訳出版は歓迎しない。これは私の偏見であるし、かつてノヴェライゼーションを手がけていながら、何を言うかと言われそうであるが、あえて申しあげれば、高い版権料を払い、ましてはげしい争奪戦を演じてまで、翻訳出版する価値があるかということである。

幸い、私が勤めていたころは、ノヴェライゼーションの版権料は安かったし、それが売れれば、ほかの本の版権がとれるという楽しみもあった。もっとも、現在だって、ノヴェライゼーションを手がける出版社はそう考えているかもしれない。ただ、それにしては版権料が高くなりすぎた。そう思うのは、私がもう時代遅れになっているせいだろうか。

今後はノヴェライゼーションの出版がますます盛んになるはずである。ノヴェライゼーションは本にあらずという主張と、ノヴェライゼーションによって活字に接する機会ができて、読書人口がふえるという説がある。ナポレオン・ソロによって、ハヤカワ・ミステリの読者がふえてくれればという希望的観測が私にあったのかもしれない。

その点で、私の態度はいつもふらふらしていた。青木さんや矢野浩三郎氏の協力がなかったら、どうなっていたことか。現在、ユニ・エージェンシーの専務である矢野さんは、一九六五年当時、海外評論社に勤めていた。ナポレオン・ソロのシリーズは、はじめ矢野さんの海外評論社を通じて版権を買っていた。それがエース・ブックス社と早川書房の直接取引になったのは、矢野さんが同社を辞めてしまったからである。

「ホリデイ」の失敗

わずか十日ばかりのニューヨーク滞在のことをえんえんと書くのは、あまりにも図々しいので、はじめから気になっていたことに触れておきたい。それは私の失敗であり、恥である。

早川書房に私が入社したのは一九五九年であるが、その年か翌年に「エド・マクベインズ・ミステリ・マガジン」という雑誌が出た。ちょうどエド・マクベインの87分署ものが何冊か出て、ハヤカワ・ミステリの新しい目玉商品になりかけていたころである。

したがって、「エド・マクベインズ・ミステリ・マガジン」には、探偵小説専門だった早川書房も注目したし、期待もした。たしか創刊号には87分署もの、二号にはジョン・クリーシーのギデオン警部ものが載っていたのではなかろうか。ほかの作品については、まったくおぼえていないのだから、いまから考えれば、大した雑誌ではなかった。

アメリカの雑誌についても、私の知識はほとんどなかったはずである。もっとも、早川書房が日本語版を出していた「エラリー・クイーンズ・ミステリ・マガジン」（ＥＱＭＭ）の部数にしても、金平聖之助さんからいただいた資料で、最近ようやくわかった。わずか五万四千部である。ついでながら、「ヒッチコック・マガジン」は十万二千部、ＳＦの「アナログ」は六万部、「ファンタジー・アンド・サイエンス・フィクション」は三万九千部である。（「ベストセラー」一九七七年五月号）

新雑誌の編集長に

おそらく、「マクベインズ・マガジン」もいまの「ＥＱＭＭ」程度だったと思われる。これに、早川書房と私は過大な幻想を抱いてしまったらしい。その間の事情がどんなものであったか、どなたに訊いてみてもわからないのだけれど、とにかく「マクベインズ・マガジン」をもとにして、早川書房では、「ＥＱＭＭ」（のちの「ハヤカワ・ミステリ・マガジン」）、「ＳＦマガジン」につづく第三の雑誌を創刊することになり、その編集が私にまかされたのである。

折から、「プレイボーイ」が編集者たちのあいだで話題になっていた。この男性雑誌が最もバラ色に見えていたので、「プレイボーイ」のような雑誌をつくるのが、翻訳探偵小説関係者の一つの夢になっていた。早川書房は早くもそのころ「プレイボーイ」日本語版の発刊を企画して、版権を申し込んだところ、簡単に断わられた。版権料が一千ドルだったと聞いている。

ほほえましい話ではないか。「マクベインズ・マガジン」の版権料も探偵小説なみに百五十ドルだったように思う。エイジェントはいまや悪名高いスコット・メレディスである。

こうして入社二年目で私は新雑誌の創刊編集長ということになってしまった。都筑《つづき》道夫さんは、私が入社した年に早川書房を辞めて独立し、「エラリー・クイーンズ・ミステリ・マガジン」は生島治郎こと小泉太郎氏が編集し、福島正実さんが「SFマガジン」で悪戦苦闘していた。福島さんの下で、紅顔の森優さんも苦労していた。森さんは南山宏氏である。

ほかに、早川書房には新しい雑誌を手がける編集者がいなかったので、ハヤカワ・ミステリ担当の私ということになった。どうしてこんな大任を引き受けたのか、思い出すと、冷汗が出る。たぶん、小泉さんに励まされてのことだろう。

都会的センスの雑誌をめざす

新雑誌の編集方針は、「マクベインズ・マガジン」を中心にして、都会的な雑誌をつくるというものだった。そこで、いろんな人の意見を聞いてまわった。朝日新聞社の扇谷《おうぎや》正造氏にもご意見をいただいた。小泉さんに同行してもらって、こちらの趣旨を説明すると、即座に誌名は「東京人」にしたまえと言われた。扇谷氏は私たちの話を聞かれて、「ニューヨーカー」のことを連想されたのではないだろうか。

編集会議でも、誌名が討議された。「アヴェニュー」とか「ストリート」とか、英語の誌名が候補にあがったものの、なかなか決まらなかった。創刊の二か月ほど前ではなかろうか。やっと「ホリデイ」に決定した。

とても私一人では手にあまるので、新しく人を入れた。それがまだ明治大学大学院の仏文科にいた矢野浩三郎さんである。レイアウト担当の若い人も入れた。小池という青年で、いきなり、さしずめアート・ディレクターといったところである。

つまり、素人が三人集まって、「プレイボーイ」みたいな、都会的な、しゃれた雑誌をつくることになったのだ。早川清さんは不安でたまらなかっただろうと思われる。失敗をはじめから覚悟していたのではないかという気もする。同時に、誰もやらないことをやるのだという気概もあったにちがいない。

私が早川書房にはいって、上司たちから最もやかましく言われたのは、人真似はするなということである。とくに、昨年（一九七六年）亡くなった福島さんによく言われた。こんな小さな出版社が大きな出版社の真似をしていたら、存在理由がないではないか、と福島さんは私に言うのだった。

それは早川さんの誇りでもあったと思う。「エラリー・クイーンズ・ミステリ・マガジン」の日本語版にしても、これは日本ではじめての試みといっていい。前に「リーダーズ・ダイジェスト」という例はあるけれども、探偵小説の翻訳雑誌というのは、きわめて大胆な試みである。しかも、都筑さんの時代には、「ＥＱＭＭ」は黒字を生んでいた。ただ、そのあと、「マンハント」や「ヒッチコック・マガジン」が相ついで創刊されて、「ＥＱＭＭ」と、いわば共喰いの競争になった。その時期に編集を引き受けた後任の小泉さんは気の毒だった。

一号で廃刊に

「ホリデイ」も新しい試みである。しかし、編集担当者がなんといっても非力であった。「ホリデイ」が一号でつぶれてしまったのは、創刊前の誤算が大きくひびいている。私にとっては、毎日が悪夢のようであったし、自分の力量不足をいやというほど思い知らされながら、一路破滅にむかってすすんでいったような気がする。

たった一号で終った「ホリデイ」は、いま私の手もとにない。見るのもいやだし、恥かしいからであるけれども、一号で廃刊と決まったときは、会社をやめて、翻訳業に専念したくなった。創刊号の編集後記もお恥かしいものだ。「ホリデイ」を「プレイボーイ」みたいな雑誌にしてみたいなどと抱負を述べているのだから、ほんとに厭になる。

二号目の編集はしていたが、一号でさっさと打ち切ったのは、不幸中の幸いではなかっただろうか。丸谷才一氏にもコラムを書いていただいたことが記憶に残っている。

早川書房をクビになっても仕方のない、私の失敗であったが、早川さんは寛大にも、そういうことはおくびにも出さなかった。ただ、編集者としての私の才能に失望したことは確かだろう。私自身、そう思っていたし、編集者とは何であるか、ほとんど考えてもいなかった。編集の仕事が楽しくなるのは、ずっとあとのことである。

「ホリデイ」の失敗は、早川書房にとって大きな損害だったが、その損害を最小限にくいとめることができたのは、早川さんの好判断があったからだと思う。もし私が雑誌をつづけるとすれば、周囲の意見にまどわされることなく、独断専行すべきだっただろう。どんな雑誌をつくりたいのか、自分でもはっきりわかっていなかったのではないか。

資金がなかったとか、人員が少なかったとかいってもはじまらない。早川書房という出版社はそういうものを当てにしないで出版活動をつづけていたのである。むしろ、早川さんは私のために、「ホリデイ」のために、三大紙に五段二分の一の広告を載せたり、国電の中吊りもやってくれた。

「ホリデイ」のために早川書房に来た矢野さんは、廃刊とともにいさぎよく辞めていた。もし「ホリデイ」を創刊したことの利益があったとすれば、矢野浩三郎さんがやがて出版界の人になったことであろう。

矢野さんはどちらかといえば学者タイプの人である。むしろ、この人はサラリーマンに向かないのではないかとはじめ思ったのであるが、そうではなかったから、宮田昇さんの女房役として、日本ユニ・エージェンシーを育てあげることができたのである。

編集と翻訳と

　私の場合は、「ホリデイ」の失敗がどうも後遺症として残ったように思われる。アメリカの雑誌に興味を持ち、それを調べるようになったのは、「ホリデイ」廃刊の欲求不満のはけ口を求めてのことではないかという気がする。

　アメリカの雑誌について、もっとよく知っていたら、「ホリデイ」という雑誌を出さなくてすんだかもしれないし、上からの命令でも、私は引き受けなかったかもしれない。目的ははっきりしていた。男性雑誌である。だが、まだその時期は来ていなかった。

「ホリデイ」より早く、「紳士読本」という男性雑誌が創刊された。これはいまも保存しているが、しゃれた雑誌である。吉行淳之介氏や遠藤周作氏が書いておられて、「プレイボーイ」ばりにヌードの写真があった。「紳士読本」は明らかに「プレイボーイ」の線を狙ったのである。ただ、これもやはり時期が早すぎた。

　アメリカの雑誌は、そのほとんどが二十代の青年によって創刊されている。「タイム」も「リーダーズ・ダイジェスト」も「プレイボーイ」もそうである。雑誌が青年の冒険であることに気がついたのは、つい二、三年前である。もっとも、「ヴァニティ・フェア」のように、四十五歳の中年男がはじめたという例もあるが。

そうであれば、「ホリデイ」は私にとって痛恨事である。貴重この上ない機会を無駄にしてしまった。すべては、私の力不足、自覚のなさ、意志の弱さ、ヴィジョンを持たなかったことにある。早川書房で四、五年の経験を積み、編集の面白さがわかってから、「ホリデイ」をはじめていたら、私にも可能だったのではなかろうか。

編集者としての自覚などというけれど、かえりみて、自分が編集者であったかどうかという点になると、自信がなくなってくる。私は編集と翻訳のフタマタをかけていたのではないかと内心ジクジたる思いである。けっして他人《ひと》さまに誇れるようなものではない。

早川書房の編集者はみな二足のワラジをはいていた。給料が出版界でも有名なほど安いからという事情もあったが、しかし、給料が高ければ、編集に専念したかといえば、そうとばかり言えないような気がする。当時の早川書房では、翻訳ものの企画をたてるには、勉強しなければならなかった。タトル商会から届くリーディング・コピーを読まなければならなかったのである。

そのほかに、自分の好きなものを調べるという勉強があった。たとえば、福島さんのSF。彼が住んでいた経堂の団地の狭い書斎には、SFがぎっしり並んでいた。それは福島さんが自分で買い集めたものである。大部分は古本屋から買ってきたSFである。そこから、ハヤカワSFが生まれた。タトル商会から来たリーディング・コピーからかならずしも誕生したわけではない。

東京創元社との競争

「ホリデイ」失敗のあと、私はよくさぼっていた。仕事もよくさぼった。よくタトル商会に遊びに行った。そのころ、タトルは神保町にあったので、早川書房から歩いて十五分である。タトル商会に寄って、宮田昇さんからリーディング・コピーを見せてもらい、それから古本屋をのぞいてみた。

この古本屋歩きが私の勉強になったように思う。タトル商会に届いたばかりのリーディング・コピーを見たこともためになった。出版社からのリクエスト（要求）のないリーディング・コピーは、宮田さんがしかるべき出版社に見せていたのであるが、その判断が正しいことに驚いたものである。つまり、早川書房には探偵小説のリーディング・コピーを送っていい。しかし、純文学は新潮社であり、動物ものは文藝春秋といったような判断である。

「ホリデイ」廃刊からジョン・ル・カレの『寒い国から帰ってきたスパイ』が出るまで、私にとっては辛い時期だった。会社を辞めたかったし、会社もそれを望んでいたのではないかと思われたが、辞めてはいけないとつねに忠告してくれたのは宮田さんだった。きみはまだ早川書房で何もしてないじゃないか、と宮田さんは言われた。

たしかにそのとおりである。私は早川書房で仕事らしい仕事をしていなかった。企画らしい企画もたてていなかった。ハヤカワ・ミステリ担当ではあるが、この仕事は楽だった。ほとんど競争がなかったから、恒例のアメリカ探偵作家クラブ賞の受賞が決定してから、版権を申し込むことができた。しかも、受賞作だからといって、版権料がそれほど高くなることもなかった。

翻訳探偵小説のシリーズをやる出版社は、早川書房と東京創元社の二社にすぎなかった。ミステリーの版権の争奪は二社のあいだで行なわれていたのであるが、宮田さんはつねに先着順という原則を守っていた。リクエストの早かった出版社の申し込みを尊重したのだった。その結果、私がハヤカワ・ミステリを担当するようになってから、東京創元社に二度ばかり痛い目にあった。

一度はシーリア・フレムリンの『夜明け前の時』（中田耕治訳）、つぎはシオドー・マシスンの『名探偵群像』（吉田誠一訳）である。フレムリンの作品はアメリカ探偵作家クラブ賞受賞作であり、マシスンのは、「ＥＱＭＭ」に載った短篇を集めたものである。二度とも、私は宮田さんに叱られた。「パブリッシャーズ・ウィークリー」をよく見なかったから、創元社の厚木淳氏にきみはしてやられたのだ、と宮田さんは言った。

「PW」誌の思い出

　この六月（一九七七年）まで、私は日本翻訳専門学院というところで翻訳を教えていた。講師陣は中村能三《よしみ》、高橋泰邦、山下諭一、柳瀬尚紀などの諸氏で、いずれもすぐれた翻訳者である。私の担当は一般英文翻訳術で、簡単にいえば、新聞や雑誌をテキストにした翻訳である。

　この翻訳学校のクラスは文芸科とその一般英文の二クラスに分かれていたのであるが、私自身は、翻訳であって、そんな区別はないと思っていたから、テキストにカポーティの『冷血』、カースンの『沈黙の春』、タリーズの『シナトラが風邪をひく』などのほか、主に週刊誌の「ニューヨーカー」のエッセイを使用した。ずいぶん勝手な授業だったけれども、不思議なことに、私のクラスの受講者がだんだんふえていった。

　ときには、私の訳した小説をテキストにして誤訳探しをしたこともある。私の誤訳を手厳しく指摘する優秀な生徒もいた。

思うところがあって、私は翻訳学院を辞めてしまったが、残念なことをしたという気がしないでもない。私のクラスに集まった人たちは女性が圧倒的に多く、しかもみんな心の優しい奥さんやお嬢さんだった。そのことを私はひそかに誇りにしてもいた。

毎日書評の載る「タイムズ」紙

私が翻訳学院でまず生徒に言ったのは、つぎのようなことである。翻訳出版でいちばん面白いのは、つまり楽しくやりがいがあるのは編集である、と私は強調したのだった。これは私の結論であるし、私自身の経験にてらしてみても間違っていないはずだ。翻訳出版において、編集と翻訳のどちらが楽しいかといえば、躊躇することなく、編集だと私は答えたい。

私も含めて、最近の翻訳者は下請業者になってしまったのではないかというのが私の感想である。なぜそうであるかといえば、海外の出版の情報が最も多く、しかも迅速に編集者に集まるような仕組になっているからである。翻訳ものを手がける出版社はたいてい「パブリッシャーズ・ウィークリー」誌や「ニューヨーク・タイムズ」書評誌を航空便で取り寄せている。そのほかに、アメリカの出版社が新刊予告を送ってくる。

これは数年前に聞いた話であるが、ある出版社は「パブリッシャーズ・ウィークリー」誌をいまだに船便でとっているという。そのかわり、「ニューヨーク・タイムズ」紙を航空便で購読しているそうだ。これはその出版社の見識であると思うし、時流にまどわされぬ、地味ながら信用できる翻訳書を出しているのがわかるのである。

「ニューヨーク・タイムズ」紙を航空便で予約するのは、たいへんお金のかかることである。私もある拙訳が売れたとき、「タイムズ」紙を航空便で購読したけれども、一年でやめてしまった。経済的にまいってしまったのであるが、そのかわり、「タイムズ」書評誌は日曜版の付録だから、本紙といっしょに送られてくるし、それに本紙の「プレイボーイ」や「ペントハウス」や「コスモポリタン」などの広告を見る楽しみがあった。それらの広告はいずれも、広告主を対象にしたものである。

また、著作家が亡くなると、その著作家の本を出版してきた出版社が死亡広告を出すことも、「タイムズ」紙ではじめて知った。本紙に毎日載る書評もまた「タイムズ」紙の魅力であろう。翻訳すれば、十枚ぐらいにはなる書評である。わが国でも、小説の連載はやめて、毎日、そのような書評を掲載する新聞は出てこないものかと思ったものである。

「PW」に出会った感激

十年前、はじめてニューヨークに行ったとき（といっても、前に書いたように、アメリカに行ったのはその一回きりであるが）、私は毎朝「ニューヨーク・タイムズ」紙をホテルや新聞スタンドで買えるというだけでも楽しかった。「ニューヨーク・タイムズ」という新聞を実際に手にとってみたのは、たぶんはじめてだったのではなかろうか。それほど、私にとって、アメリカもニューヨークも遠い存在だった。

そのころは、「エスクァイア」や「プレイボーイ」でも神田の古本屋のほうが早く仕入れていた。古本屋がどこから手に入れてくるのかわからなかったが、懇意になると、古本屋の主人は店の奥からアメリカで発売されたばかりの雑誌を売ってくれたのである。神保町の東京泰文社、小川町に近いブック・ブラザーなど。

しかし、いまは二日おくれで、「ニューヨーク・タイムズ」紙を銀座のイエナや帝国ホテル、ホテル・オークラで買うことができる。数年前、「タイムズ」日曜版は三千円だったが、買う人がいないのか、いつのまにか見かけなくなってしまった。「タイムズ」本紙は七百円か八百円だっただろうか。いまは千円である。一時、イエナは「パブリッシャーズ・ウィークリー」誌も売っていた。

「パブリッシャーズ・ウィークリー」（PW）の存在をはじめて知ったのは、私が早川書房に入った年だから、一九五九年ということになる。そのときの感激はいまも忘れない。こんなに便利な雑誌があるとは思わなかった。それまで、私は「タイム」や「ニューズウィーク」の書評をたよりに、本を注文していた。しかも、紀伊國屋や丸善に注文するときは、前金である。

もちろん、「PW」は船便だった。あの当時、この雑誌を航空便でとっている出版社は一つもなかったのではないか。宮田昇氏がいたタトル商会著作権部もたしか船便だったはずである。航空便の必要がなかったし、翻訳出版そのものが、わが国の出版界で占める部分があまりにも小さかったのだ。「ＰＷ」に毎号載るベストセラーのリストも無縁に近かったと思う。

プライオリティの重視

私が早川書房に入社した当時、「パブリッシャーズ・ウィークリー」誌をまっさきに読んだのは、「エラリー・クイーンズ・ミステリ・マガジン」編集長の都筑道夫氏だった。そのつぎに目を通したのは私である。きみもこれを読んで勉強したまえ、と都筑さんから言われたような気がする。

私に自慢できることがあるとすれば、早川書房に勤務しているあいだ、おそらく誰よりも熱心に「ＰＷ」を読んだことだろう。「タイム」や「ニューズウィーク」の書評欄や「ニューヨーク・タイムズ」書評誌を読むよりも、私には楽しかった。

その理由の一つは、まだ出版されていない本の情報が「ＰＷ」にいっぱいつまっていたからだろう。もう一つ、シーリア・フレムリンの『夜明け前の時』とシオドー・マシスンの『名探偵群像』で、東京創元社の厚木淳氏から痛い目に遭っていたからである。これはかならずしも私の責任ではなかったのであるけれど、私は自分の欠点であると思っていた。

私はタトル商会の宮田さんに、なんどかフレムリンの作品を早川書房で申し込みたいとお願いした。そのたびに、宮田さんはにやにやしながら、目下、他社が検討中であるから、早川書房の申し込みを受けつけるわけにいかないと言った。最初にリクエスト（リーディング・コピーの請求）した出版社の立場を尊重するのがタトル商会の方針である、と宮田さんは言われた。

その他社というのは創元社ですか、と私は再三訊いた。しかし、宮田さんはけっして出版社の名前を教えてくれなかった。でも、創元社にきまっているじゃないですか、とこちらが食いさがっても、宮田さんはとぼけるのだった。

宮田氏は、先に発見したことを尊重するという、いわばプライオリティを重視したのだと思う。それが一つのモラルであり、翻訳出版に秩序をもたらすものと考えられたのではないか。競争によって版権料の値上がりを招くという愚を避けたのである。宮田さんのそのような考え方はいまも変っていないし、私もそれを支持する一人である。

出版社による作品の系列化

結局、フレムリンはアメリカ探偵作家クラブ賞の受賞が決定した直後に、東京創元社が版権を申し込んだと記憶する。それまでの数か月のあいだ、私は恥かしかったし、口惜しくもあった。アメリカ探偵作家クラブの最優秀長篇賞は、うろおぼえで恐縮であるが、フレムリンを除いて、早川書房が独占してきたはずである。

『夜明け前の時』がそれほどすぐれた作品だったとは思わない。しかし、作品の質と他社にさらわれたということは別問題である。いまは懐かしい思い出であるし、私にとっては貴重な教訓になったと思うが、「ホリデイ」の失敗と同じく、忘れられない、苦い経験である。

たぶん、そういうことがあって、「PW」をいっそう熱心に読むようになったのかもしれない。春秋のアナウンスメント（新刊予告）も一晩かかって読んだ。それが楽しかったのだから、私も物好きである。各社の広告や本文の主な新刊予告欄に目を通して、早川書房に向きそうな本があれば、それに印をつけていった。

といって、一九六〇年当時、早川書房がタトル商会にリーディング・コピーを要求できるのは、探偵小説にかぎられた。SFはまだ早川書房しか手がけていなかったから、タトル商会は自動的にSFをまわしてくれた。

ときに私の興味のある本をリクエストすることもあった。そのたびに、宮田さんに怒られたものである。理由は、早川書房で出せる本ではないということだった。

残念ではあったけれども、宮田さんの言うとおりだったのである。探偵小説やSF以外に、早川書房が出版していたのは、グレアム・グリーンやアーサー・ミラーぐらいだった。純文学は新潮社ときまっていた。

それでも、私は毎週、「PW」が届くのが楽しみだった。都筑氏は私が入社した年に辞めたので、私がいちばんはじめに「ＰＷ」を読むことができるようになった。船便の「ニューヨーク・タイムズ」書評誌も読んでいた。それから、イギリスの「ブックセラー」。

貧しかった翻訳者たち

この「ブックセラー」は「ＰＷ」にくらべると、そっけない感じがしたし、内容もちょっと難しかったので、あまり熱心に読んだという記憶がない。やはり春秋のアナウンスメントを重視して、コリンズ社の有名な探偵小説シリーズであるクライム・クラブや、ハミッシュ・ハミルトン社などの新刊に注目した。なお、ハミッシュ・ハミルトンはレイモンド・チャンドラーの出版社である。

クライム・クラブといえば、アメリカではダブルデイ社の探偵小説シリーズである。アメリカの探偵小説については、都筑さんにずいぶん教えられた。サイモン・アンド・シュスター社のイナー・サンタム・シリーズとかドッド・ミラー社のレッド・バッジ・ミステリーなど。

しかし、「ＰＷ」で探偵小説が占める部分は小さかった。予告欄に何冊か紹介されていたけれども、ほかの小説にくらべると、数はきわめて少なかった。

早川書房には、現在も一九五〇年代からの「ＰＷ」が保存してあるはずだ。厖大な量になるだろうが、それらは私にとって教科書だった。出版とは何であるかを教えてくれたものの一つが、「パブリッシャーズ・ウィークリー」誌である。

あの当時、「PW」の購読料は年間五千円もしなかったにちがいない。ペイパーバックにしても、ミッキー・スピレインの大体百三十ページの探偵小説がシグネット・ブックスで二十五セント、ジャイアント・エディションと呼ばれたメイラーの『裸者と死者』やアーウィン・ショーの『若き獅子たち』が五十セントだった。邦貨にすると、二十五セントのペイパーバックは百二十円、五十セントのものは二百四十円だった。喫茶店のコーヒーは五、六十円だっただろうか。

私の年収は三十万円にみたなかった。一ドルが三百六十五円の時代。「PW」には、ときどきアメリカの編集者の年収が出ていた。中堅どころで二万ドルである。そのことを知って、羨ましいよりも驚いたのをいまもおぼえている。アメリカがいかに豊かであり、日本がどんなに貧しかったかが、編集者の給料からもわかった。探偵小説の版権料の相場が百二十五ドルというのも当然だったと思う。

ハヤカワ・ミステリ一冊の印税が十万円をこえることはほとんどなかった。原稿料に換算すると、一枚せいぜい百五十円である。翻訳者はひとにぎりの人たちを除いて、みんな貧しかった。とくに早川書房の翻訳をしている人たちは。早川書房だって貧しかったのだ。

だから、いま、翻訳学校なるものが存在することに驚くのである。しかし、翻訳出版がこのように盛んになれば、翻訳術を教えるところが二つや三つあっても、不思議ではない。翻訳者が足りない時代なのである。私が早川書房を辞めることができたのも、翻訳出版隆盛のおかげではなかったかという気がする。ただ、ここで私は思うのである。翻訳者が貧しかった時代のほうが、翻訳者はよく勉強したのではないか。

都筑さんも、私の上司だった福島正実氏も、そして私にアメリカの雑誌を読むことを教え、翻訳者になるチャンスをあたえてくれた中田耕治氏も、ほとんど毎日のように洋書の古本屋を歩いていた。読んだ本について、都筑さんや福島さんや中田さんは熱っぽく話すのだった。

いまは、かなり有名な翻訳者であるが、その人はフィリップ・ロスを知らなかった。現在訳している小説の作者の名前を思い出せない翻訳者もいる。もちろん、一方には、好きな作品をこつこつと翻訳して、それが編集者の目にとまり、幸いにも本になったという、立派な翻訳者もいる。

では、自分は翻訳者としてどちらにはいるのかと言われると、答に困るのであるが、できれば気に入った作品だけ翻訳したいと思っている。「ＰＷ」を見ると、そういう自分で訳してみたいと思う本がかならず二冊か三冊ある。そんな本を見つけたくて、いまも「ＰＷ」を読んでいるのだろうか。

ニューヨークで出会った人々

去年（一九七六年）の秋も今年の春もニューヨークに行きたいと思った。翻訳者のはしくれとしても行かなければ、不勉強であると考えたのである。翻訳の仕事を順調にこなしていれば、ニューヨークに十五日から二十日滞在できたかもしれない。

その夢が果たせなかったのは、例によって仕事が遅々としてすすまなかったからである。仕事が遅いのは、いまにはじまったことではない。早川書房時代も仕事が遅いので、方々に迷惑をかけたし、よく叱られた。ハヤカワ・ミステリの解説や表紙裏のコピーは一時、私が一人で書いていたのであるが、よくその締切に遅れ、製作担当だった桜井光雄氏に、明日中に書きますと約束したものである。

すると、桜井さんがにやにやしながら言うのだった。「常盤さんの明日と幽霊は見たことがない」と。

何事にも几帳面な桜井さんが仕事の遅い私をいつも大目に見てくれたのは、やはり彼の好意であったと思う。じつは、浅学非才、経験不足の私が柄にもなく自分の編集者生活をふりかえって、それをまとめてみる気になったのは、桜井氏もそうであるが、早川清氏が私を能力以上に買ってくれたという思いがあったからである。早川さんから私ほど大事にされた社員はいなかったという、ささやかな誇りがある。

早川氏の好意がなかったら、私がニューヨークに行くこともなかっただろう。行ってみたいという気持はあったけれども、一方では旅行嫌いだったから、面倒くさいとしぶる気持もあった。

ベストセラー『選ばれしもの』

もう一度、ニューヨーク滞在で書きもらしたことに触れるならば、一つは、十一月二十八日(一九六七年)、リテラリー・エイジェントのハロルド・オーバーを訪ねたあと、ウィリアム・モリス・エイジェンシーにヘレン・ビアジニ女史を訪問したことである。名前からもわかるようにイタリア系の女性である。ウィリアム・モリスといえば大手のエイジェントであり、映画界とも関係が深いといわれていた。たしか六番街のＭＧＭのビルのなかにあったのではないか。

ビアジニ女史は早川父子と私を温かく迎えてくれた。あとで彼女を昼食に招待したのであるが、その席で私にいろいろと質問し、小学二年生の娘がいるのを知ると、お土産を買うのなら、プラザ・ホテルに近いシュウウォーツという玩具屋で買うといいと親切に教えてくれたのだった。

その年のはじめ、二月ごろであっただろうか、新人作家の小説がベストセラー・リストの首位に立った。ハイム・ポトクの『選ばれしもの』である。二人のユダヤ人高校生のすがすがしい友情を描いた青春小説だった。

『選ばれしもの』のリーディング・コピーはタトル商会から送られてきていた。そのころになると、探偵小説やSFのほかに、大衆小説やノンフィクションの主だったリーディング・コピーは、たいていエイジェントが早川書房に持ちこんできた。いわゆるトレード・ブックス（一般書）の翻訳出版は早川書房の独走時代だったと思う。といって、それは激しい競争に勝ち抜いての独走ではなく、他社が翻訳出版を手がけなかったまでのことである。

二社か三社、翻訳小説の出版をはじめた出版社もあったけれど、早川書房にとってべつに脅威とはならなかった。理由はいずれも永続きしなかったからである。当時の翻訳出版では辛抱が大切であることを私たちは身にしみて知っていた。ハヤカワ・ミステリにしても、ハヤカワSFにしても、出版社の忍耐でつづいたのだと思う。

東京オリンピックの年にはじめられたハヤカワ・ノヴェルズは『寒い国から帰ってきたスパイ』とマッカーシーの『グループ』という傑作を得て、はじめから好調だったが、それも早川書房の翻訳出版の実績の上に築かれた成功だったのである。

ハヤカワ・ノヴェルズの幸先よい成功で、アメリカやイギリスのベストセラー小説のリーディング・コピーが早川書房に集まるようになった。ハイム・ポトクの『選ばれしもの』もその一冊である。

青春小説と課題図書

リーディング・コピーは私はあまり読まないほうだったが、『選ばれしもの』は自分で読んだ。たぶんベストセラーの第一位にあったから、責任を感じて急いで読んだのだろう。

リーディング・コピーを読んで、いまだに記憶に残っている本が二冊ある。一冊は『ゴッドファーザー』であり、もう一冊がこの『選ばれしもの』である。

ポトクのこの小説には正直のところ、興奮した。青春小説として売れるとも思った。はたして、その当時、青春小説という呼び名があったかどうかわからないけれど、もしかすると、毎日新聞社の主催する夏休みの高校生向けの課題図書になるのではないかと思った。

そういう色気を持ったのは、その二、三年前に売れることをほとんど期待しないで出版した橋本福夫訳のアーヴィング・ストーンの『馬に乗った水夫』が課題図書になったおかげで、五万部以上も売れたからである。『馬に乗った水夫』はジャック・ロンドンの伝記であり、橋本先生がかねてから訳してみたいと思われていた。ある日、喫茶店で先生とお茶を飲んでいるときに、その話が出て、私が編集していた「ＥＱＭＭ」、つまり「エラリー・クインーズ・ミステリ・マガジン」に連載していただくことにしたのだった。[*1]

「ＥＱＭＭ」は探偵小説の雑誌であるが、早川書房のＰＲ誌的な性格を帯びていたので、探偵小説に限定しないで、私はかなり自由な編集をさせてもらっていた。部数もかぎられていたし、そのことでいつも早川さんからお小言を頂戴していたから、こちらもＰＲ誌としての存在理由を強調して、自分の好きなように編集していた。

『馬に乗った水夫』の連載は二年ばかりつづいたはずである。連載が終ったときに、編集会議でハヤカワ・ノンフィクションのシリーズに入れることが決定した。初版は五千部ではなかっただろうか。私は早川書房にはいる前から、橋本先生の翻訳に親しんでいたし、とくにダヴィッド社から出されたサリンジャーの『危険な年齢』（『ライ麦畑でつかまえて』）は愛読した。この翻訳書はいまも愛蔵している。

ストーンのロンドン伝が課題図書になったときは意外な気がしたけれども、橋本先生のために喜びにたえなかった。先生はそのころ『馬に乗った水夫』と並行して、ドライサーの『アメリカの悲劇』の翻訳という困難な仕事に取り組まれていたと記憶する。

「僕が訳した本は売れないといわれているけれど、売れている本だってあるんだよ」と橋本先生は言われて、ある文庫の書名をあげたことがある。『馬に乗った水夫』は先生の二年にわたる労苦がむくわれたのだと思う。

安かったアドバンスの秘密

ハイム・ポトクの『選ばれしもの』ももしかしたら『馬に乗った水夫』のようになるのではないか、そういう意味のことを私は編集会議で言った。ベストセラーの首位にある小説だから、編集会議でも支持されやすい作品だった。ただし、そういうものに注目している出版社は当時、早川書房ぐらいだった。

さっそくタトル商会を通じて版権を申し込んだ。アドバンスは三百ドル。それですんなり権利者が承知するとは思われなかったが、案に相違して、すぐに契約書が送られてきた。現在なら、さぞ高値を呼び、数社のあいだで版権争奪戦が演じられていることだろう。

なぜ版権が安かったのか、その理由は作者のポトクを代表するウィリアム・モリス・エイジェンシーのヘレン・ビアジニ女史に会って、はじめてわかった。早川書房が版権を取ったことでビアジニ女史から礼を言われたし、日本で売れるかどうかと心配もしていた。『選ばれしもの』がユダヤ人の特殊な世界を描いていたから、ビアジニは危惧したのだろうし、それだけに版権の売れたことがうれしかったにちがいない。彼女自身、この作品が大好きだと言っていた。

ニューヨークでは、私たちのエイジェントはシドニー・メレディスとブラント・アンド・ブラントのチャールズ・シュレシンジャーをのぞけば、あとはみな女性だった。

先日（一九七七年十月二日）、ハーパー・アンド・ロウ社の名編集者だったキャス・キャンフィールド（八十歳）に東京で会う機会があって、そのとき、アメリカのリテラリー・エイジェンシーですぐれているのはどこかと訊いたところ、ブラント・アンド・ブラントだろうという言葉が返ってきた。

ノンフィクション『われらの仲間』

私たちが会ったチャールズ・シュレシンジャーは童顔、舌のよくまわらない、眼鏡をかけた長身の青年だったが、案外、年齢《とし》をくっていたのかもしれない。気の弱そうな感じの男であるが、シンの強い人だったように思われる。

いいエイジェントの資格とは、一つには優秀な著者を抱えていることだろう。キャンフィールド氏はまさにそのような意味でブラント・アンド・ブラントの名をあげたのだと思う。私たちがブラント・アンド・ブラントを訪ねたのは、やはりそのころノンフィクションのベストセラーの上位にあったスティーヴン・バーミンガムの『われらの仲間』について契約を結ぶためである。

『われらの仲間』はユダヤ人上流社会の内幕をさぐったノンフィクションである。世界経済を支配するユダヤ金融財閥の歴史と現在がそれまであまり知られていなかっただけに、ベストセラーになったのもうなずける。著者のスティーヴン・バーミンガムも読者の興味をとらえる術を心得た著者であり、その後の彼の著書は必ずベストセラーになっている。

バーミンガムは雑誌にもよく書いていた。女性雑誌の「コスモポリタン」に、若い女性のためのアメリカ出版界案内を二度ほど書いたのを私も読んでいる。平易な文章だから、翻訳しやすいかもしれないが、なにしろ本になるバーミンガムのノンフィクションはおそろしく長い。『われらの仲間』も邦訳は上下二冊本で翌年の一九六八年に出た。訳者は故人となった、仕事のはやい向後英一氏であるが、たぶん『スイス銀行』を翻訳していただいた関係で、向後さんに翻訳をお願いしたのだろう。

念のために書きそえておけば、『われらの仲間』のアドバンスは三百五十ドル、印税率も安く一万単位で、つまり一万部まで六パーセント、二万部まで七パーセント、二万一部以上八パーセントというものだった。

この日（一九六七年十二月五日）は、前に書いたように、メイラーの『なぜぼくらはヴェトナムへ行くのか?』の版権が取れるつもりで、スコット・メレディスを訪ねている。シドニー・メレディスから思わしい返事が得られなかったので、私たちは失望していた。

チャールズ・シュレシンジャーはその日、私たちに『わが町』で知られるソーントン・ワイルダーの小説『第八の日に』をすすめた。『第八の日に』はつい最近、ようやく翻訳が出て

（宇野利泰訳）、書店でそれを見たときは複雑な心境だった。『第八の日に』は老大家の力作として好評だったし、「ニューヨーク・タイムズ」書評誌は巻頭に書評を掲載したのではなかったか。もちろん、ベストセラーになっていた。

それでも、私はシュレシンジャーに返事を保留し、来年（一九六八年）の一月十五日までに結論を出すことを約束した。そして、帰国したのち、宇野利泰氏に読んでいただき、その結果、版権を申し込んだのである。それが十年近くたって翻訳が出たのはうれしい。版権切れ寸前という事情もあったのだろう。

バーネット夫妻との昼食

その十二月五日は、ホイット・バーネット夫妻と日本料理店で昼食を共にした。ホイット・バーネットは多くの作家を世に送りだした「ストーリー」という雑誌の編集長である。メイラーの処女作も「ストーリー」に載ったのではなかったか。無名に近かったころのウィリアム・サローヤンも毎日のように短篇を書いて、「ストーリー」に送っている。作品は掲載されたけれども、原稿料はもらえなかったと彼が回想していたのを何かで読んだ記憶がある。

バーネット夫妻と会うことになったのは、早川浩氏のはからいである。浩さんはパーティか何かで夫妻を知ったらしい。私としても、ホイット・バーネットに会ってみたかったし、「ストーリー」のことも訊いてみたかった。

しかし、話の主役は、昔はさぞ美しかっただろうと思われる、少し肥った夫人のハリー・バーネットだった。彼女は一九六五年に出版された長篇のスリラー、『ベルリンの壁のかなた』を早川書房が出すことを希望していた。『ベルリンの壁のかなた』について、短篇が一つ日本版の「EQMM」で翻訳されている。ハリー・バーネットの作品は、早川書房が支払えるアドバンスは二百ドル程度だ、と浩さんに通訳してもらうと、バーネット女史は一瞬、呆れたような顔をした。あまりの安さに、あいた口がふさがらないといった感じだった。

この作品は、東京に帰ってから、版権を申し込むことに決めて、ニューヨーク駐在の浩さんに手紙を書いた。版権料は三百ドルだっただろうか。

ベニハナの昼食の席で、バーネット女史は自分の短篇集『マダム通りの下宿人たち』に署名して、私にくださった。この短篇集には私も愛着があって、いつか出してみたいと思っていたが、昨年の秋、その一部（三篇）が中山泰子さんの訳で文化出版局から出版された。バーネット夫妻に会わなかったら、『ベルリンの壁のかなた』（深町眞理子訳）も『マダム通りの下宿人たち』も日本で日の目を見ることはなかっただろうと思うと、不思議な気がする。

一方、ホイット・バーネットはニューヨークの悪口ばかり言っていた。ニューヨークという都市は、空気が悪いし、物価が高いし、とにかくいいところが一つもない、人間が早死にするところだから大嫌いだ、と氏は言うのだった。同じような意味のことを数年後に私はゲイ・タリーズの『汝《なんじ》の父を敬え』[*2]で読んで苦笑したものである。『汝の父を敬え』はマフィアの没落を記録したニュー・ジャーナリズムであるが、そのなかで、マフィアのボスがバーネットと同じ感想を洩らしていた。元気のいい夫人にくらべると、ホイット・バーネットはいかにも老残という感じがした。

さて、その日の最後はマグロー・ヒル社のアルフレッド・ヴァン・ダー・マーク氏に会う予定が組まれていた。午後四時半、現在の六番街にあるのとはちがう旧社屋を早川清氏、浩さんの三人で訪ねた。ヴァン・ダー・マーク氏とは来日したときに、東京で親しくなっていたし、また四日前の十二月一日に夕食をご馳走になっていた。

＊1　一九六六年四月号から六七年八月号まで十七回掲載。この連載時には、誌名を「ハヤカワ・ミステリ・マガジン」（HMM）に変更していた。

＊2　邦訳は一九七三年、新潮社刊（常盤新平訳）。

わずかな部数を大切にした時代

マグロー・ヒル社から出ている一般書のなかで、版権の欲しい小説が一冊あった。一九六四年にハヤカワ・ノヴェルズをはじめたときから、私はその小説を狙っていた。

作者はエリザベス・スペンサーという寡作の女流作家である。私は彼女を「ニューヨーカー」ではじめて知った。彼女の小説が一九六〇年の春ごろの「ニューヨーカー」に載ったのである。小説といっても二百枚前後の中篇で、それがまもなくマグロー・ヒル社から刊行された。のちに青木日出夫さんの翻訳（青木秀夫名義）により、『天使たちの広場』という題名でハヤカワ・ノヴェルズの一冊になったが、原題は『広場の明り』という。青木さんもこの小説が気に入っていたし、「ニューヨーカー」の作家なので、私もエリザベス・スペンサーに関心があった。

けれども、マグロー・ヒル社は一千ドル以下の版権申し込みを頑として受けつけなかった。

一千ドルといえば三十六万円である。探偵小説、SFのアドバンスは百二十五ドルから百五十ドルが相場であり、ベストセラーの小説でもせいぜい三百ドルの時代だった。当時、私の月給は百ドルをこえていただろうか。マグロー・ヒル社の一般書は、したがって、同社の著作権部が版権を扱っているかぎり、はじめから諦めざるをえなかった。

これはマグロー・ヒル社にとっても損なことではないか。あとからはいる印税をなぜ考慮しないのかというのが、私の抱いた素朴な疑問である。ただ、マグロー・ヒル社の工学技術書のほうはその金額で取引されていた。

ヴァン・ダー・マーク氏の来日

一九六六年の四月はじめのことだったと思う。タトル商会の宮田昇氏から電話があって、来日したマグロー・ヒル社のアルフレッド・ヴァン・ダー・マーク氏に会ってみないかと言われた。そのときのことを、毎日新聞のコラムで書いたので、引用したい。

マグロー・ヒル社の海外著作権部のアルフレッド・ヴァン・ダー・マーク氏（三十二歳）が来日して、三週間にわたり、日本の各出版社と親しく意見の交換を行なったのち、さきごろ帰国した。マグロー・ヒル社といえば、アメリカ最大の出版社の一つだが、格式も翻訳権料も高いので、同社の専門書は別として、一般書は日本の出版社には高嶺の花だった。

これは、同社が日本の出版界の特殊な事情を知らなかったことにも原因はあるのだが、西欧各国の出版界にくらべて、日本がはるかに遅れていたという事実も見逃せない。

ところが、同氏の来日を契機にして、事態改善のきざしが見えてきたのだ。海外著作権部の責任者である氏は、若さにものを言わせて、精力的に各出版社を訪問し、日本の出版界について理解を深めた結果、マグロー・ヒル社のこれまでの方針にこだわらないで、柔軟性のある取引に切り替える必要を痛感したらしい。

そもそも、彼が来日を決意したのも、マグロー・ヒルの五大取引国のなかに日本がはいっていながら、専門書の版権だけ売れて、一般書の翻訳が日本で出ていないことに疑問をもち、自分の目で日本の出版界を見て、問題の打開に乗り出そうとしたからだった。

おそらく、戦後数多く来日したアメリカの出版人のなかで、氏ほど日本の出版事情を理解しようと努めた人は、ほかにいないだろう。その熱意と率直な態度には、日本の各社も好感を持ち、すこぶる評判がよかった。

帰国した彼の報告によって、マグロー・ヒル社の政策転換が実現すれば、これは画期的なことである。しかも、実現の可能性は大いにある。彼の誠実が日本の出版社を動かしたように、同社幹部をも納得させたにちがいない。

同社が好漢ヴァン・ダー・マークの進言をいれることは、日米出版界相互のプラスになるはずだ。日本の出版事情を理解して、相当の実績をあげている、これまた大出版社のハーパー・アンド・ロウ社の場合がそのいい例ではないか。

ヴァン・ダー・マーク氏が宮田、片平両氏と早川書房を訪ねてきた日のことを、いまでもはっきりとおぼえている。宮田さんはすでにいくつかの出版社にヴァン・ダー・マーク氏を案内して、二人は親密な関係にあるようだった。オランダ生まれのマーク氏は宮田さんの誠実な人柄を信頼し、宮田さんもまたマーク氏に好意を寄せていた。

宮田さんの上司だった片平氏は、こういう場合、もっぱら通訳をつとめてくれた。そういえば、ジョン・スタインベックがヴェトナムからの帰途、東京で休息したときも、片平さんの案内で、ホテル・オークラにこの文豪夫妻を訪ねた。スタインベックと握手する私の手が震えていた、と同行した武富義夫氏（現日本ユニ・エージェンシー）があとで教えてくれた。スタインベックの来日はこの年か翌年の一九六七年である。

初対面のヴァン・ダー・マーク氏は感じがよかった。早川清氏のほかに、編集部長の福島正実氏も同席したはずである。マーク氏は早川氏をはじめから、「ハヤカワ・サン」と呼んでいた。虚心坦懐の人であり、偏見のない人だと私も好感を持った。

ヴァン・ダー・マーク氏のようにざっくばらんな出版人もいないのではないか。この日、早川書房では念願だったエリザベス・スペンサーの第二作である『広場の明り』と第三作を申し込んだ。アドバンスは各三百ドル。印税率は五千部単位で六、七、八パーセント。

マーク氏はちょっと考えてから、はっきり言った。

「その申し込みは受諾できると思う」

そのとき、私は知らなかったのだが、マーク氏のこの回答は、事実上のオーケイだった。帰国してから返事すると氏は言ったけれども、私たちが提示した条件をその場で呑んでくれたのである。

マクルーハンの話

二、三日後、早川さんはマーク氏を築地の中国料理店に招待した。早川さんもマグロー・ヒル社のこの巨漢に感心したらしい。その料理店に私たちが行ったときは、マーク氏が早くも来ていて、ちゃんと正座して私たちを待っていた。彼は盛んに「ハヤカワ・サン」を連発した。

いま考えると、マーク氏はなかなかの苦労人だった。私より老けて見えたが、実際は三歳も若い。オランダの印刷屋に生まれ、アメリカに留学して、結局市民権をとったので、それまでにだいぶ苦労を重ねたのだろう。

翌年、ニューヨークに行ったとき、マーク氏には二度会うことができた。一度は、早川さん、浩さん、私を夕食に招待してくれた。一年半ぶりの再会である。マーク氏は夫人とともにわざわざホテルまで私たちを迎えに来てくださった。夫人がよく肥っていたのを記憶している。日記によれば、夫妻は私たちを西五十五丁目のフランス料理店ラ・ポティニエールに連れていってくれた。ボーイがみんなフランス語しか話さないので、マーク氏も料理を流暢なフランス語で注文した。

食事をしながら、ヴァン・ダー・マーク氏はヴェトナム戦争をはげしく非難した。私がはじめて直接に聞くアメリカ人のヴェトナム戦争反対の声だった。それからまもなくであろうか、業界誌の「パブリッシャーズ・ウィークリー」に出版人のヴェトナム戦争反対の広告が出たのは。

さらに四日後の十二月五日、マグロー・ヒル社にヴァン・ダー・マーク氏を訪ねた。夕食をご馳走になったときは、ほとんど仕事の話はしなかったけれども、マーク氏のオフィスでは、ノーマン・カズンズとマーシャル・マクルーハンの話をした。

ノーマン・カズンズは、彼が「サタデイ・レビュー」誌に書いた時評を集めた『ある編集者のオデッセイ』である。これは、「現代ジャーナリズム選書」の一冊として出すつもりでいた。翻訳は『ルーツ』の訳者である松田銑氏にお願いしたのであるが、翻訳が出ないうちに、私が早川書房を辞めることになり、いまでもそのことを心苦しく思っている。松田氏にとって、カズンズの翻訳は苦役だったにちがいない。

マクルーハンについては、早川書房も興味があるか、とマーク氏から訊かれた。一九六七年といえば、日本でもマクルーハンはもてはやされていた。しかし、マクルーハンの翻訳が出る前に、竹村健一氏がマクルーハンの紹介を本にして、利益をさらっていったように思う。マクルーハンのような作品の翻訳には長い時間がかかる。

マクルーハンは正直なところ、私にはわからない、と私は言った。すると、マーク氏も、アメリカ人だってわからないだろう、と肩をすくめた。

大著『アメリカの出版界』

さらに、マグロー・ヒル社から前年の十月に出ているチャールズ・A・マディスンの『アメリカの出版界』も問題になった。私はこれも「現代ジャーナリズム選書」に入れたいと思っていた。しかし、マーク氏は、はたして日本で売れるだろうかと懸念した。アメリカ出版界を知るのに、これ以上の本はないが、部数は限定されるだろう。翻訳すれば二千枚近くになる。

マディスンの『アメリカの出版界』はいまでも愛着がある。私がアメリカの出版界に興味を持つようになったのは、この本を知ったからだ。

この本の一部が、たしか「サタデイ・レビュー」誌に掲載されたのだった。マディスンはスタインベックの編集者だったパスカル・コヴィチのことを書いていた。コヴィチは一九六四年に惜しまれて世を去った名編集者である。スタインベックはこの編集者について、つぎのように書いている。

「彼は友人以上の存在だった。私の編集者だった。偉大な編集者が父であり、母であり師であり悪魔であり神であることは、作家にしかわからない。パット（コヴィチ）は私の共作者であり私の良心だった」

私はスタインベックに会ったとき、コヴィチのことを訊いてみた。しかし、疲れていたのか、無口なのか、不機嫌なのか、スタインベックは、いい編集者だったとしか言わなかった。

しかし、マディスンの『アメリカの出版界』には間違いがある、と言ったのはリピンコット社の社長、ジョゼフ・リピンコット・ジュニアである。リピンコット氏は医学関係の出版社に会うために来日したのだった。リピンコット社はアメリカの医学出版の草分けであるが、一般書も出していた。

たぶん、それでリピンコット氏に会ったのだと思う。例によって、早川清氏と私がホテルで昼食を共にした。そのとき、通訳をつとめてくれたのが、入社間もない堀孝夫氏（現岩波書店勤務）である。

リピンコット氏はいかにも出版人といった感じのする紳士だった。ニューヨークに私たちが行ったときは、返礼に、氏はフィラデルフィア（リピンコット社はここにある）から出てきて、昼食に招待してくれた上に、編集長を連れてきて、出版予定の本についていろいろと教えてもらった。

編集長はジョン・ヒルという、ちょっとイナセな感じのする中年男だった。彼は一年先の出版予定まで私に見せてくれた。そのリストには題名と著者の名前のほかに、内容の簡単な説明があり、さらに担当編集者の名前が出ている。一人の編集者が年間に三点か四点担当していたので、羨ましく思ったものである。

ニューヨークでは、リピンコット氏に会うのが最後の仕事になった。十二月七日だった。私はその日が開戦の日であることをきっと忘れていたにちがいない。

老いたスピレイン

書きもらしたが、E・P・ダットン社を訪ねたとき、TV女優の夫人を同伴したミッキー・スピレインに会った。スピレインといえば、ハヤカワ・ミステリの発刊をかざった『大いなる殺人』と『裁くのは俺だ』の作者である。しかし、目の前にいるスピレインは、かつての精悍な面影が少なく、顎のあたりがたるんで、初老の感じがにじみでていた。

言うことは威勢がよかった。日本で本のプロモーションをしたいので、新聞やTVの取材陣を組織してくれないかと自信たっぷりに提案してきた。イギリスでは彼のペイパーバックを出しているコーギ・ブックスが、彼の渡英で売上げが六十パーセントもふえたという。自分が日本に行けば、十パーセントから二十パーセント売上げが伸びるだろう、とスピレインは言った。そうすれば、早川書房も儲かり、作者も儲かり、ダットン社も儲かり、みんな儲かって、これこそビジネスというものである。

日本に行くのは四月ごろがいい、とスピレインは言った。費用は早川書房が負担する。しかし、当時、スピレインの初刷は早川書房では七千部程度だった。早川書房が作家を日本に招待するなど、とても考えられないことである。

スピレインの提案に確約を避けたことはいうまでもない。帰国してから、私が断わりの手紙を書いたはずである。

若い夫人といっしょにいるスピレインがなんとなく哀れに見えたのは、彼が盛りを過ぎた作家だったからだろうか。デビューのころは颯爽としていたにちがいないが、その後、スピレインをこえるペイパーバック作家がぞくぞくと出てきた。

ちょうど十年前のいまごろ、私はたしかにニューヨークにいたのである。十年前といまとでは、がらりと変ってしまった。ヴァン・ダー・マーク氏がはじめて来日したとき、私は日本の出版界は遅れていたと書いた。それは、貧しかったという意味合いもある。それとも、早川書房だけがつつましかったのか。

アメリカの女性編集者が二万ドルの年俸だと聞いて、羨ましく思った。当時なら七百二十万円である。しかし、いまは五百万円にならない。

版権料が高騰したといっても、円が高くなったという事情が一つあるだろう。かつて、ベン・ヘクトの新米記者時代の回想録を雑誌に連載したくて、百ドルでダブルディ社に申し込んだことがあった。タトル商会を通じて、簡単に返事が来た。

〝Please drop it.〟

よしてくれ、という意味だろうか。どうも、安く申し込んで恥をかいたという思い出が多い。西ドイツと日本の経済復興はいまや世界の驚異になっているのに、日本の出版社が安いアドバンスしか提示しないのは理解に苦しむという返事を、エイジェントからもらったこともある。

しかし、あのような時代が妙に懐かしい。翻訳出版がチマチマしていて、わずかな部数を大切にするという楽しさがあった。

敗者をいつも理解した人

　ようやく宮田昇氏について語るときがきた。「翻訳出版編集後記」などという、御大層な題名でこの連載をはじめたが、それにふさわしいものが書けるとすれば、これはひとえに宮田さんのお蔭である。宮田さんがいなければ、私は編集の楽しみ、編集者としての歓びを知らずに終ったにちがいない。

先物買いの中田耕治さん

　私を翻訳と出版の世界に導いてくれた人が三人いる。その三人は私の恩人であると思う。一人は中田耕治氏である。中田さんは私にとってアメリカ文学への案内役だったし、翻訳の先生だった。もう書いてもいいだろう、中田さんの最初の探偵小説の翻訳となったミッキー・スピレインの『裁くのは俺だ』は最初の百枚ばかり、まだ学生だった私が下訳させてもらっている。それは昭和二十八年（一九五三）だっただろうか。

その当時、中田さんはヘミングウェイに夢中で、『キリマンジャロの雪』を翻訳して、謄写印刷したパンフレットのようなものをつくっている。よく神田神保町にあった露店でアメリカの雑誌を買っていた。「アトランティック・マガジン」や「ハーパーズ・マガジン」、「サタデイ・レビュー」の存在を教えてくださったのは、中田さんである。「ヴォーグ」や「ハーパーズ・バザー」のようなハイ・ファッションの雑誌も読まれていた。

私がアメリカの雑誌を読むようになり、やがてそれにとりつかれるようになったのは、明らかに中田さんの影響である。「ニューヨーカー」のことも中田さんに教えていただいたのではないかという気がする。

中田さんは先物買いだった。ヘミングウェイにしても、最も早く注目した人の一人である。中田さんが探偵小説の翻訳をはじめるようになったのも、先物買いのあらわれだったのではなかろうか。

スピレインの『裁くのは俺だ』の翻訳の文体は私には新鮮に思われた。ハヤカワ・ミステリの初期のものと『裁くのは俺だ』を読みくらべてみるといい。探偵小説の翻訳の文体としては、中田さんのは異質であり、格調があった。そして、これは私の推論であるが、中田さんの翻訳はほかの翻訳者に影響をあたえたはずである。

中田耕治氏にこのスピレインの翻訳を依頼したのが、宮田昇氏だった。宮田さんはハヤカワ・ミステリの企画者であり、早川書房が悪戦苦闘していたころ、つねに損な役まわりを引き受けて、活躍した編集者である。編集者として早川書房の基礎を築いたのは宮田さんであり、早川書房を発展させたのは、宮田さんのあとを引き継いだ私の上司の福島正実氏だったというのが、私の意見であるが、これはきわめて客観的な見方であるという自信がある。私が宮田さんや福島さんに育ててもらったから、そう言うのではない。ただ、私はここで本当のことを申し上げたいだけである。

この連載を書くことになったとき、私は柄にもなくいろんな点で悩んだ。回想録を書く資格もないし、そんな年齢でもない。それに、私が編集者として仕事をしたところは、出版界の片隅である。書くべきではないという気持があったし、いまもそれは残っている。それでも、書いてしまったのは、私が軽率な人間だからである。

しかし、翻訳出版でかくれた人たちのかくれたファイン・プレーを書いてみたかった。そのためには、自分の恥をさらしてもいいと思った。それと引きかえなら、もしかすると本当のことが書けるのではないか。

たとえば、かつて「エラリー・クイーンズ・ミステリ・マガジン」、「マンハント」、「ヒッチコック・マガジン」の日本語版三誌が競い合った時代があるけれど、この三誌で編集者としての感覚、ジャーナリスティックな感覚を最も発揮したのは、小林信彦（中原弓彦）氏であったというのが正当な評価ではないかと私は思っている。これは私一人の考えであるが、宮田昇氏がどのように評価されるか、氏の意見を聞いてみたいところである。

私は、中田耕治氏を通して、宮田昇という早川書房の編集者の存在を知った。まだ私が中田さんの下訳をしていたころ、渋谷百軒店にあった洋書の古本屋で宮田さんを見かけたことがある。たぶん、そのときは、宮田さんはタトル商会の片平氏に誘われて、タトル商会著作権課にはいっていたのかもしれない。髪がぼうぼうと伸びて、おっかない感じがした。それから二十年のあいだに、宮田さんの豊かだった髪もだいぶ薄くなっている。

信頼関係を重視する業種

宮田氏は現在、日本ユニ・エージェンシーの社長である。早川書房が安定したのち、タトル商会にはいり、その著作権課を、翻訳権の市場を名実ともに独占するエイジェンシーに育てあげた。これは、宮田さんだからできたことだ思う。版権交渉の手紙に署名するのは片平さんだったが、タトルの著作権課を実質的に動かし、信用できるエイジェントとしての名を高めていったのは、宮田さんなのである。当時、フォルスターというエイジェントが勢力をふるっていたのであるが、宮田さんは誠実と機略をもって、かげで悪徳商人といわれたフォルスターに追いつき、追いこしてしまい、フォルスターは敗退を余儀なくされた。

フォルスター時代の終りで、翻訳出版における戦後が終ったのだと思う。昭和二十年代に出た英米の翻訳のクレジットを見ると、たいていフォルスターの名前がある。いまでこそ、タトル商会は有名であるが、そのころはフォルスターに圧倒されていた。

この時代のことは、宮田さんが『東は東、西は西』(早川書房)に書いている。ちなみに、この本は古本の市で二千五百円の高値がついていることを編集者のK氏から聞いた。

しかし、宮田さんはやがて追われるようにしてタトルを去らなければならなくなる。タトル商会は宮田さんを徹底的に排撃するようになったのである。宮田さんは完全にホサれたかたちでしばらく勤務しなければならなかった。そのころのことを私は宮田さん自身に書いてもらいたいと思っている。タトル商会は宮田さんに対してまことに理不尽だった。

いま、宮田さんのユニ・エージェンシーは有力な存在になっている。わが国で最も良心的な、そして本のわかるエイジェントであると私は思っている。

昨年(一九七七年)の十月、ハーパー・アンド・ロウ社のキャス・キャンフィールド氏が東京に来て、宮田氏といっしょに会う機会があった。キャンフィールド氏と昼食を共にしながら、宮田さんはハーパー社のこの功労者である大株主に、アメリカのあるエイジェントのことを訊いた。そのエイジェントをどう思うか、と質問したのである。

キャンフィールド氏は、タフで、なかなかコマーシャルなエイジェントである、と答えた。宮田さんは、自分の大嫌いなエイジェントだ、と言った。すると、キャンフィールド氏は八十歳の高齢にもかかわらず、間髪を入れず答えたものである。

〝Our people do.〟

「われわれ（ハーパー社）も大嫌いだ」という意味であろうか。私は宮田氏の勇気にも感心したし、キャンフィールド氏の率直な発言にも感動した。出版界に生きるということはまず率直であることではないかと思った。その点で私など失格者であるかもしれない。

宮田さんとキャンフィールド氏がともに大嫌いだと言ったエイジェントとは、版権を売るのに入札制を取りいれた人である。つまり、版権を少しでも高く売りつけようとするエイジェントである。著者の権利を守る以上、エイジェントならそうあるべきかもしれない。

しかし、出版がほかの業種とちがうのは、信頼関係が重視されるところである。オルダス・ハクスリーのアメリカの出版社はハーパー社で、編集担当者はキャンフィールド氏だった。ハクスリーの印税は長いあいだ二十パーセントであったという。

それでは、ハクスリーの小説を出版しても、利益が出ないので、キャンフィールド氏が印税を十五パーセントにしてくれるよう申し出たところ、ハクスリーは即座に承知した。この間のいきさつは、キャンフィールド氏がその回想録にくわしく書いているが、要するにこのイギリスの作家とハーパー社の編集者とのあいだには、信頼関係があったのである。ハクスリーはキャンフィールド氏にすべてをまかせきっていた。

つまり、お金ではなかったのである。私は、「タイム」を創刊したヘンリー・ルースは権力欲の強い人だと勝手に思っているが、それでも、彼に好意を寄せるのは、「タイム」の創刊趣意書に、「われわれは金では買えないものがあると信ずるが故に、『タイム』を創刊する」と書いているからである。これは、お金だけでは動かないよ、という意味ではあるまいか。そして、お金だけが目当てであったら、編集者はとてもつとまらないと思う。あえて野暮なことを言えば、編集者は、自分を殺すことによって、かえって自分を生かす職業ではないか。

宮田さんはエイジェントとしての経歴は長いけれども、本質的にはそのような編集者ではないかと思う。他人のファイン・プレーを見つけて、惜しみない拍手を送る人でもある。私の周辺にそういう人がどんなに少ないことか。

福島正実さんの好意と愛情

それは私の不徳のいたすところであるが、宮田さんを知りえたことは私の幸運である。ただ、宮田さんと親しくなるチャンスはなかなかやってこなかった。中田耕治氏から宮田さんの噂を聞いていたけれども、宮田さんと話ができるようになったのは、私が早川書房に入社してからである。

宮田さんには、福島正実氏を通じて紹介してもらった。福島さんに私を引き合わせてくれたのは中田さんである。その縁で、私はハヤカワ・ミステリを一冊訳すことになった。E・S・

ガードナーの中篇を二つ収めた『腹の空いた馬』である。

たぶん、ひどい翻訳だったのだろう、訳稿をわたして一週間ほどして、早川書房に来てもらいたいという葉書を福島さんからいただいた。それから三、四か月、私は毎日、早川書房に通って、お昼までの二時間ばかり、福島さんといっしょに原稿を手直しした。というより、福島さんが赤鉛筆（当時は、ボールペンがまだ普及していなかった）で手を入れていったのである。せっかく訳したものが、目の前で原型をとどめないほどに直されていくのは辛いことだった。一時は福島さんを恨めしく思った。しかし、これが私にとって、いちばんの勉強になった。中田耕治氏の影響からようやく脱して、商品となる翻訳ができるようになったようだ。

その三、四か月のあいだに、福島さんの態度がだんだん変っていったのをいまなつかしく思い出す。はじめは非常に厳しかったけれども、しだいに優しくなっていった。福島さんはリアリストであるが、同時に心の優しい人である。だめな人間を可愛がるという一面があった。

早川書房では、新人の翻訳は原稿料で買い切られた。当時は一枚百円だった。ハヤカワ・ミステリ一冊の翻訳の印税を原稿料に換算すると、百二十五円から百五十円だったので、一枚百円ということになったのだろうか。

「エラリー・クイーンズ・ミステリ・マガジン」の原稿料は二百円から二百五十円だった。訳者たちは、だから、ハヤカワ・ミステリよりも雑誌の翻訳をやりたがった。編集長は都筑道夫氏である。私はこのころの「ＥＱＭＭ」がいちばん好きだ。毎月、「ＥＱＭＭ」の発売を待ちかねていた。

　私の『腹の空いた馬』は印税だった。福島さんがそのようにはからってくれたのである。社長の早川清氏を説得して、印税にしてくれたのだろう。これは私に対する福島さんの好意であり、愛情であったと思っている。

「早川書房がよく印税にしてくれたね」と中田さんが言われたのをおぼえている。私は感謝の気持から、福島さんに田屋のワイシャツをおくった。そのときはまだ、彼がノーネクタイの人であることを知らなかったのである。それでも、福島さんはどうしてもネクタイを締めなければならないとき、そのシャツを着てくれた。何年もたってから、まだ着ている、と苦笑したこともあった。

　おそらく福島さんが口をきいてくれたのだろうが、都筑道夫さんが「ＥＱＭＭ」の翻訳をさせてくれた。エリザー・リプスキーという作家の二十枚ほどの短篇[*1]で、一種の人情噺《ばなし》だった。その原稿料が二百円ではなく二百五十円だったのは、やはり都筑さんの好意であっただろう。都筑さんとは渋谷の古本屋でよく顔を合わせた。その古本屋は「プレイボーイ」の最新号を都筑さんのためにとっておいた。まだ、「プレイボーイ」がひろく知られていなかったころのことである。

　その翌年、私は早川書房に入社したのである。昭和三十四年（一九五九）、旧社屋を改築して、グレアム・グリーン選集を出すことになったところ、人手が足りないので、私が選ばれたらしい。私を入れることについて、福島さんは宮田氏にも相談したはずである。すでに、その前年、私は福島さんのお宅で宮田さんに紹介されていた。福島さんが方南町の小さなアパートから経堂の団地に引越した日であった。

それから正確には十九年たったことになる。その間、私は早川書房でハヤカワ・ノヴェルズやハヤカワ・ノンフィクションの企画をたてることができた。これらの企画は、宮田さんの協力がなければできなかったので、ハヤカワ・ノヴェルズもハヤカワ・ノンフィクションも宮田さんと早川書房との合作といっていい。ハヤカワ・ミステリを企画したのは宮田さんであるが、彼には早川書房の編集者として実現してみたい夢がいくつもあった。その夢の一つの実現を宮田さんは私に託したのではないか。

早川書房で宮田さんが企画したシリーズには、現代芸術選書という外国文学論のシリーズがある。[*2] 時代を先取りした、すぐれた企画だった。宮田さんはすぐれた編集者だった。

そして宮田昇氏は、一言でいえば、いつも負け犬の味方になってきた人である。敗者を理解する人である。

＊1　「慈悲の心」。「エラリー・クイーンズ・ミステリ・マガジン」一九五九年二月号掲載。
＊2　一九五三年から五四年にかけて、小津次郎『エリオットの詩劇』、中桐雅夫『危機の詩人』、加藤道夫『ジロウドゥの世界』、遠藤周作『カトリック作家の問題』などが刊行された。

楽しさ、面白さを味わう

エイジェントはまず編集者でなければならないというのが、宮田昇氏の持論の一つである。私が早川書房にはいりたてのころ、喫茶店でコーヒーをご馳走になりながら、宮田さんが話してくださったのは、他社のすぐれた編集者たちのことだった。たとえば、つぎのようなエピソードである。

A社のB氏はエイジェントを信用しないというわけではないが、版権は直接、権利者に申し込む。その版権料のアドバンスがきまって百ドルである。その申し込みの手紙がやがてタトルの宮田さんのところにまわってくる。そこではじめて、B氏はタトル商会を介して、版権交渉を行なうのである。

A社の出版する翻訳ものは、素人の私から見ても、アドバンスは三百ドル以上と思われた。B氏は大胆にも百ドルの条件を提示したのである。それは一つの見識であったと思う。「貴重な外貨」とよく言われた時代である。

その後、宮田さんからB氏について、もう一つのエピソードをうかがった。出版社の多くが「パブリッシャーズ・ウィークリー」を航空便で取り寄せているのに、A社だけはいまだに船便というのである。そのかわり、B氏は「ニューヨーク・タイムズ」を航空便で購読していた。日曜版の付録である書評誌も含めた「ニューヨーク・タイムズ」である。

B氏はその「タイムズ」の書評を読んで、関心のある本を取り寄せ、目を通されてから、いいものを申し込むと聞いた。いまも、B氏が船便の「パブリッシャーズ・ウィークリー」を読まれているのか、私は知らないけれども、宮田さんからこの話を聞いたときは、アメリカのベストセラーばかり追いかけている自分が恥かしくなったものである。

しかも、早川書房が『寒い国から帰ってきたスパイ』や『グループ』などハヤカワ・ノヴェルズの成功で、探偵小説、SF以外の新刊もタトル商会にリクエストできるようになると、私は「パブリッシャーズ・ウィークリー」に目を通し、ほとんど無差別に新刊のリーディング・コピーを注文していた。無料だと思って、さもしい根性である。私の本の選択は、下手な鉄砲のまことに拙劣なやり方だった。

たぶん、宮田氏は他社の編集者の横顔を伝えることで、私を教育されていたのだろう。一時、私は毎日のように神田神保町にあったタトル商会を訪れている。あの「ホリデイ」の失敗で、私は仕事がなくなっていた。

前にも書いたように、「ホリデイ」が一号で廃刊になったとき、私は会社を辞めるべきだと思ったし、そのことで宮田さんのお宅を訪ねている。そのとき、宮田さんは言われた。君は早川書房で編集者としてまだ何もしていないじゃないか。だから、いま辞めるべきではない、と氏は私をたしなめたのである。

海外の書評誌を読む仕事

宮田さんのこの忠告をきかずに、私は辞めることもできた。翻訳でほそぼそながらも食ってゆける自信があった。考えてみれば、あのとき、私は岐路に立たされていたのである。なぜ宮田さんの忠告に従ったのか、どうもうまく説明できない。ただ、この人の言うとおりにやれば、間違いはないと私は信じたに違いない。

もし会社を辞めていたら、悔いが残っただろう。早川書房に迷惑のかけっぱなしで終るところだった。編集者の仕事に興味をおぼえることもなかったにちがいない。

「ホリデイ」の創刊についても、宮田さんにもっと相談すべきだった。宮田さんの意見を聞いていたら、あんなみっともない失敗をしないですんでいたかもしれない。ただ、私は惨《みじ》めな失敗をするところがある。

「ホリデイ」のあと、私の主な仕事は「パブリッシャーズ・ウィークリー」を読むことだった。

読むといっても、タトル商会にリクエストできるのは、探偵小説とＳＦにかぎられている。「ニューヨーク・タイムズ」書評誌を読むのも仕事のうちだった。それから、イギリスの「ブックセラー」。

この三誌を読むのは、三日もあれば足りる。それで、午後になると、タトル商会に押しかけて、届いたばかりのリーディング・コピーを見せてもらった。午前中から出かけたこともある。リクエストのなかった新刊も、タトル商会に送られてきた。トーマス・フォルスターが手をひいてから、少なくとも一九六〇年代の前半まで、海外との版権交渉はタトル商会の独占だったのである。それはひとえに宮田さんの功績だったし、信用であった。ことミステリーに関するかぎり、当時は宮田さんに版権を申し込めば、しかるべき翻訳者に翻訳を依頼して、仕事をすすめてもらっても、なんら支障はなかった。

出版社の性格を見抜く

海外から送られてきた、リクエストのない本については、宮田さんが独自の判断で、検討してもらうべき出版社を決めていた。大ざっぱにいって、純文学なら新潮社、動物ものなら文藝春秋、学術的なものはみすず書房、ビジネス関係はダイヤモンド社、探偵小説なら東京創元社か早川書房といった具合である。もちろん、実際はこのように単純ではない。

ただ、私はそのときわかったような気がした。たとえばニューヨークから送られてきた新刊のジャケットを見ただけで、その本をまずどの出版社で検討してもらったらいいかがおのずからわかってくるのである。それは直感であり、毎日、未知の本をたくさん見てきた結果である。

宮田さんがエイジェントとしての実績を築かれたのは、各出版社に対して公平であったと同時に、本に対しても誠実だったからだと思う。『アンネの日記』や『野生のエルザ』が文藝春秋（当時は文藝春秋新社）から出版され、チャップリンの自伝が新潮社から出て、『GMとともに』や『断絶の時代』がダイヤモンド社だというのは、競馬の結果と同じく、しごく当然だという気がする。

宮田さんは日本の出版社の性格を見抜いて、リーディング・コピーの行き先を決めていた。タトル商会を毎日のように訪ねているうちに、私にもそのことがだんだん理解できるようになった。

そのころ、アルフレッド・ヒッチコックが『マーニー』という映画をつくっているという情報が早川書房にはいった。映画に詳しい早川氏が映画会社からそのニュースを聞いたのかもしれない。監督がヒッチコックであれば、サスペンスものにきまっている。やがて、『マーニー』には原作があることもわかった。

作者はウィンストン・グレアムという。私は宮田さんにリーディング・コピーをリクエストした。宮田さんの返事は、このリーディング・コピーはS社のK氏にまわっているので、K氏に尋ねてみるということだった。

まもなく、S社がおりた、という情報が宮田さんからあった。あとで宮田さんから聞いたのであるが、K氏は、タトル商会から検討用にS社へ送られてきた本について、他社からのリクエストがあれば、即座にリーディング・コピーを返却してくるということだった。K氏はいさぎよく諦める編集者だった。

こういうきれいなことが私にはどうもできない。早川書房に来ているリーディング・コピーについて、他社からのリクエストがあると、K氏のようにあっさりとタトル商会に返すということがなかった。いまは、こんなふらちなことはとても許してもらえるはずがない。もしここで諦めて、他社が版権を取り、その翻訳がベストセラーにでもなったら困る――私にはそんな気持があったのである。

『寒い国から帰ってきたスパイ』の面白さ

ここで一つ思い出した。『スポック博士の育児書』とアラン・ムーアヘッドの『白ナイル』の二冊である。宮田さんはスポック博士を早川書房にすすめたことがある。しかし、早川書房がもたもたしているあいだに、暮しの手帖社がさらっていった。『白ナイル』は詩人の北村太郎氏が私の同僚にすすめている。

『白ナイル』のアドバンスはたしか三百ドルだった。それをしぶっているうちに、筑摩書房にもっていかれてしまった。『白ナイル』はノンフィクションの傑作である。私自身、この作品でノンフィクションの楽しさをはじめて知ったといってもいい。情けないことに、篠田一士《はじめ》氏の翻訳を読んで、そのことを知ったのだった。ただ、『白ナイル』、『青ナイル』が筑摩書房から出ているのも、これまた当然だという気がする。

幸か不幸か、私は『スポック博士の育児書』にも『白ナイル』にも関係していなかった。勝手にタトル商会に行き、帰りは神田の古本屋をのぞいていた。東京泰文社でアメリカのペイパーバックと雑誌をよく買った。私にとっては、苦しかったけれども、なつかしい時代である。

とうの昔に廃刊になってしまったが、私は「ショー」という雑誌を購読していた。この雑誌は「プレイボーイ」のヘフナーが創刊した「ショー・ビジネス・イラストレーテッド」がたちまちのうちにつぶれて、ヘフナーと喧嘩別れした編集者がはじめた。編集長はフランク・ギブニー。

ギブニー氏は才人なのだろうか、『ペンコフスキー機密文書』[*1]（集英社）というスパイものの実録の編者であり、たしかTBSブリタニカの社長だった人である。「ショー」は「ライフ」や「ルック」と同じサイズで、しかも贅沢な雑誌だった。故三島由紀夫が日本特集で執筆しているはずだ。

ヘフナーと対立しただけあって、この雑誌は「プレイボーイ」を敵視していた。ヘフナーがプレイボーイ・クラブをはじめて、バニー・ガールが女の夢の職業であると宣伝するや、「ショー」はその内容を暴露する日記体の手記を載せた。バニー・ガールとしてプレイボーイ・クラブに潜入した美貌の女性がクラブの実態とバニー・ガールの内実を報告したのである。そのバニー・ガールになりすました女が誰あろう、若い日のグロリア・スタイナムだった。あの「ミズ」という雑誌の社長である。

さて、そのあと、一九六四年であったか、「ショー」はジョン・ル・カレの『寒い国から帰ってきたスパイ』を二回にわたって掲載した。この小説の面白さを最初に教えてくれたのは青木日出夫氏である。青木さんはまだ早稲田大学の大学院の学生だった。「ショー」もル・カレの作品に最大の讃辞を呈していた。

ハヤカワ・ノヴェルズの誕生

たぶん、それで宮田さんにリーディング・コピーをリクエストしたのだろうか、本が早川書房に届いた。私はさっそく宇野利泰氏に読んでいただいた。宇野氏におねがいしたのは、いまでもよかったと思っている。

宇野さんはめったにほめない翻訳者である。その宇野さんが『寒い国から帰ってきたスパイ』を読まれて、珍しく興奮した。これで版権を申し込むことが決まったのであるが、そのときは、スパイ小説にしては、アメリカでも驚異的な売行きを示していたので、ハヤカワ・ミステリに入れてしまっては、埋没してしまうおそれもあった。

早川書房は当時、ミステリーといえば版権料百二十五ドルから百五十ドルどまりである。『寒い国』の版権はとてもそれでは取れないことがわかっていた。

こうして、ハヤカワ・ノヴェルズの企画が生まれた。私がこのシリーズをはじめたかったのは、宮田さんの強力な支持があったからだ。早川清氏も、「宮田君がすすめるなら」と全面的に宮田さんを信用されていた。ただ、ジョン・ル・カレ一冊だけでは心細い。もう一点、強力なものが欲しいところだった。ちなみに、『寒い国から帰ってきたスパイ』のアドバンスは三百ドルだった。

宮田さんはそのときメアリー・マッカーシーの『グループ』をすすめられた。この小説は一九六三年の小説のベストセラー第二位であったのに、条件が折り合わなくて、うい[原文ママ]ていたのである。早川書房は『グループ』の版権を五百ドルで取得した。

宮田さんはアメリカのベストセラーの版権が日本で売れないことに口惜しい思いをしてきたのである。ハヤカワ・ノヴェルズが成功すれば、それが突破口になるのではないかと計算されたのであろう。もちろん、私に対する好意もあった。早川書房で編集者として何もしていなかった私に、何かさせたかったのである。

『寒い国』と『グループ』で、私は翻訳出版の楽しさを味わった。編集の面白さもはじめてわかったような気がした。とくに、『寒い国』は名訳だったし、あの冷静な宇野利泰氏の翻訳に情熱と力が感じられた。

ところで、『寒い国から帰ってきたスパイ』という題名は誤訳だという人がいる。そのように主張している人は辞書をよく見ないからだ。宇野さんは反論してもお金にならないのでと黙殺されている。

『寒い国』の翻訳の原稿を読んでいるとき、これが売れなければ、どんな翻訳小説も売れない、と私は思った。

＊1　文庫化の際に『寝返ったソ連軍情報部大佐の遺書』と改題された（佐藤亮一訳）。

「PW」――「パブリッシャーズ・ウィークリー」はかつて、私にとって、新しい本を知る貴重な情報源だった。「PW」を熱心に読んでいれば、翻訳出版で遅れをとることはまずないと信ずることができた。

しかし、この二、三年、出版界のバイブルといわれるこの「PW」を読みながら、空しさを感じている。とくに春秋のぶあつい新刊予告の特集号で、その感を深くする。極端なことをいえば、「PW」を読んでもしょうがないのである。

むかしは、翻訳権は早い者勝ちだった。早く見つけて交渉すれば、無用な競争によって版権料がはねあがることもなく、版権を買うことができた。よくいえば、プライオリティが重視されたし、悪くいうなら、先にツバをつければよかった。

現在は、プライオリティなどほとんど問題にされない。日本の出版社間のはげしい競争があり、エイジェント間の暗闘があり、少しでも版権を日本に高く売りつけようとする海外の権利者の思惑がある。しかも、海外にくらべて、日本の出版界が驚くほどの高度成長をとげた。

日本の翻訳出版はカモ

十二、三年前は探偵小説にせいぜい二百ドルしか出さなかった出版社が、いまはアメリカのベストセラーに一万ドルでも二万ドルでも投ずる時代である。一方では、翻訳ものを手がけようとする出版社がつぎつぎに登場している。

翻訳出版界は完全な戦国時代といってもいいのではないか。したがって、プライオリティも仁義も礼節も通用するはずがない。そこでものを言うのは金だけである。こんなことを書くと、物議をかもすかもしれないが、あえて申しあげるなら、日本の出版界全体が海外の出版社のカモにされているような気がしてならないのである。

「PW」の新刊予告を読んで、エイジェントに本をたのんでも、そのときはもう手遅れである。「PW」よりも早く、新しい本について情報がこちらにはいっている。また、売れそうだとみれば、海外の出版社やエイジェントは入札を申し入れてくるだろう。

ペイパーバックの権利をめぐって、ハードカバーの出版社がペイパーバック出版社を集めて、「ビッド」(入札)にするという話はよく聞く。しかし、ハードカバーの権利をめぐっては、そのような話はほとんど聞かない。やり手のエイジェントとして有名なスコット・メレディスがハードカバーでも入札を提案したことが伝えられた程度ではなかろうか。

早川書房時代の私の恥かしい経験を告白しておこう。もっとも告白などというおおげさなものではないが。ハヤカワ・ノンフィクションをはじめるころだったので、一九六五、六年だったと思う。そのノンフィクションは出版の数か月前から話題になり、出版に先だって、雑誌にも連載された。その雑誌はこのノンフィクションのおかげで、部数が伸びたといわれる。

この著者の作品は、日本ではX社で翻訳が出ていた。当然、新作もX社にオプションがあるはずだったが、ハヤカワ・ノンフィクションの企画を強化するには、私としては、どうしてもこの一冊が欲しかった。

内容も犯罪記録だったので、早川書房が翻訳出版してもおかしくはない。その意味では、X社よりも早川書房にふさわしい本であったと思う。

当時、早川書房も私もエイジェント不信におちいっていて、版権交渉は直接に行なうことを優先していた。私はそのノンフィクションの版元の著作権部に手紙を出した。五、六通、手紙を書いたはずである。条件も提供したし、その条件は早川書房としては破格のものだった。

先方からの返事はいつも同じだった。この作品の著者のものは過去にX社から出ているので、版権交渉はX社を優先したい。それが当方の方針である。もしX社がこんどの作品に関心がないのであれば、そのときはあなたの交渉に応じよう、という内容だった。返事はかならずくれたけれども、だんだん相手の態度がそっけなくなっていったのを、いまでもおぼえている。その出版社の著作権部の担当者は女性だった。彼女の手紙は、私の非礼をたしなめているようであった。X社が出しているものに、私がなぜチョッカイを出すのか、と非難していたのだろう。

結局、そのノンフィクションの版権はX社がとることとなった。私は大魚を逸した思いだったが、くだんの女性の一徹な態度に敬服したものである。そこに、出版界の伝統である信義を見たように思った。

英語版の出版目録

それから二年後、私はニューヨークで彼女に会った。小柄なところは、ハーパー・アンド・ロウ社のハーパー・ノヴェルズ・オブ・サスペンス担当の編集者、ジョーン・カーン女史に似ていたが、カーン女史より勝気そうだった。彼女は私をオフィスに迎えるなり、こう言ったものである。

「X社は日本でいちばんすぐれた出版社であると思う」

私はその折、早川書房がつくった英語版の出版目録を彼女に進呈した。「HAYAKAWA BOOKS」と題するこの目録は、社長の早川清氏と私が渡米するにあたって用意した、三十二ページのパンフレットである。このような、海外向けのものをつくったのは、早川書房がはじめてではなかったか、とあの当時、ひそかにうぬぼれていた。現在は珍しくないだろうし、「PW」にはときどき日本の出版社の広告が載る。アメリカの雑誌に日本の自動車やTVの広告が載る時代だから、業界誌に日本の出版社の広告が出ても、べつに不思議ではない。

とくに目をひいたのは、春のアナウンスメント（新刊予告）に載った角川書店の『人間の証明』の広告である。このベストセラーの版権を海外に売るための広告だった。いかにも角川春樹らしい気宇壮大な広告である。

ところで、早川書房の海外向けの「HAYAKAWA BOOKS」は、アメリカとイギリスの出版界に早川書房を理解してもらう点で、大きな効果があった。ニューヨークに行ってから、出版社やエイジェントに早川さんが直接手わたしたこともあったし、渡米前に郵送したものもある。

まず、序文で早川書房の歴史を紹介し、グレアム・グリーンの主要作品やスタインベックの『エデンの東』、アーサー・ミラーの全劇作、テネシー・ウィリアムズの一幕劇集などを出していることを書いている。そのあとで、ハヤカワ・ミステリ・シリーズに触れ、とくにイアン・フレミングの小説が各冊二十万部以上も売れたことを強調した。

探偵小説に関しては、早川書房は独走に近かったので、いくらでも自慢できた。アガサ・クリスティーをはじめ、E・S・ガードナー、チャンドラー、ロス・マクドナルド、ミッキー・

スピレインなどは早川書房がほとんどおさえた。

ついで、序文はハヤカワSFシリーズを簡単に紹介したのち、ハヤカワ・ノヴェルズの成功をうたっている。まず、ジョン・ル・カレの『寒い国から帰ってきたスパイ』とメアリー・マッカーシーの『グループ』がよく売れたことを伝えた。

はじまってまもないハヤカワ・ノンフィクションのことも書いた。ドミニク・ラピエールとラリー・コリンズの『パリは燃えているか?』やジョージ・B・シャラーの『ゴリラの季節』、フェーレンバッハの『スイス銀行』など。

しかし、「HAYAKAWA BOOKS」を見ると、どうしても翻訳専門の出版社という印象はまぬがれない。いま見ると、ほほえましいパンフレットである。この制作にあたっては、早川書房でハヤカワ・ミステリとハヤカワ・ノヴェルズの担当だった堀孝夫氏が苦労した。彼が私の原稿を英訳してくれた。それを、当時コロンビア大学在学中の早川浩氏に送って、彼の友人に手を入れてもらったと記憶する。

返金保証つきの出版

早川書房にはいりたてのころは、都筑道夫氏が辞められたあと、私が「PW」をまっさきに読んでいたが、ハヤカワ・ノヴェルズが軌道に乗ってからは、堀さんがまず読むようになった。

ジョン・ポールやディック・フランシスの版権を取りたいと私に言ってきたのは堀さんである。堀さんは翻訳者の菊池光《みつ》氏ととくに親しかったので、ミステリーをよく読んでおられた菊池さんから情報を得ていたし、堀さん自身、「PW」のほか、「ニューヨーク・タイムズ」書評誌や「タイム」、「ニューズウィーク」両誌の書評欄によく目を通していた。

堀さんは口下手の私とちがって、英語が読めるばかりか、会話もできたので、早川書房では通訳も兼ねていた。彼がいたので、リピンコット社社長のジョゼフ・リピンコットやロアルド・ダール、レン・デイトン、メアリー・マッカーシーといった作家に会うこともできた。

「HAYAKAWA　BOOKS」の紹介文を読むと、たとえばハヤカワ・ノヴェルズをはじめたころのことがなつかしく思い出される。

「ハヤカワ・ノヴェルズが書店に現われるまで、日本の出版界は、外国文学は売れないと考えてきた」とハヤカワ・ノヴェルズの紹介文の冒頭に書いてある。「外国文学」としたのは気負いすぎであって、「大衆小説」とでもすべきだったかもしれない。

「しかし、一九六四年、早川書房は外国文学の紹介のしかたが間違っていると考えて、いわゆる心理的障害なるものの打破を試みた。この試みは結果的に成功した」

ハヤカワ・ノヴェルズには、アメリカのベストセラーのみならず、グレアム・グリーンの『喜劇役者』やバーナード・マラマッドの『修理屋』など、カタい小説もはいっている。ハヤカワ・ノヴェルズのすべてが売れたわけではないので、のちにわかったことだが、十点のうち一点が二万部以上売れれば成功だと私は考えるようになった。

ハヤカワ・ノヴェルズを売るために、年に一回、七月か八月に返金保証のミステリーを出した。この手は、早川書房の基礎を築いたともいえるハーバート・ブリーンの『あなたはタバコがやめられる』で成功し、ハヤカワ・ミステリでも二点ほど応用してみて、いちおうの成功を収めている。

ハヤカワ・ノヴェルズでは、ノエル・ベーンの『クレムリンの密書』とアイラ・レヴィンの『ローズマリーの赤ちゃん』で返金保証のあざとい手を使ってみた。後半の三分の一程度に封をして、その封を切らずに版元に本を持参すれば、返金するというものだ。

海外からのゲラ刷

『クレムリンの密書』も『ローズマリーの赤ちゃん』も高橋泰邦氏の訳である。『クレムリンの密書』は、まず版元のサイモン・アンド・シュスター社から直接ゲラ刷が送られてきた。早川書房は直接交渉を希望しているという手紙を英米の出版社やエイジェントにすでに送っていたので、サイモン・アンド・シュスター社はおそらく試験的にこのスパイ小説の校正刷を航空便で送って、早川書房の反応をみたのだろう。

この校正刷が届いた日、たまたま高橋泰邦氏が電話をかけてこられた。万事にひかえめな氏がわざわざ電話をくださるというのも珍しいことである。長い仕事がやっと終って、手があいたので、面白そうなリーディング・コピーがあれば読んでみたいというお話だったと思う。私はさっそく『クレムリンの密書』の校正刷を高橋さんに読んでいただき、内容がいいというので、版権を直接に交渉したのだった。

たしか、三月ごろに校正刷が届いたはずで、四月にはもう、高橋さんに翻訳にかかってもらい、七月発売を目標にして、準備をすすめた。翻訳を一日も早く仕上げていただくために、高橋さんには山の上ホテルにカンヅメになっていただいた。

『クレムリンの密書』の校正刷が届いた日に、高橋さんから電話をいただいたのは偶然であるけれども、幸運だったと思う。そのとき、高橋さんと早川書房の呼吸がぴったり合ったという感じがする。レヴィンの『ローズマリーの赤ちゃん』の翻訳を高橋さんにお願いしたのも、『クレムリンの密書』の成功が私の頭にあったからだろう。

翻訳出版では、私はつねに幸運に期待するところがあった。なにしろ、はじめて紹介される未知の作家が多い。『グループ』にしても、発売前後に「女性自身」が大きく紹介してくれなかったら、結果はけっして思わしくなかったはずである。これも幸運なことであったと思う。

翻訳ものを出版するというのは、私にとってはいつも冒険だった。それは早川書房にとっても冒険であったし、早川書房ははじめからその冒険に賭けてきたのである。私の上司だった福島正実氏が、人真似をするなと戒しめたのも、他社の真似をしたのでは、早川書房の存在理由がなくなるし、編集の楽しみもなくなると考えたからだろう。

早川清氏は社員の冒険を積極的に支持してくれた。黒人文学全集にしても、橋本福夫氏から福島さんに話があったとき、早川さんは二つ返事でこの企画を引き受けたのである。早川さんは江戸っ子であるけれども、バタくささの好きな方である。

ハヤカワ・ノヴェルズのような企画にしても、他社でできるチャンスは十分にあった。それが早川書房でできたのは、翻訳もので勝負しようという早川さんの決意と、つねに他社でやらないことをやろうとする早川さんの積極性があったからだろう。私にしても、『寒い国から帰ってきたスパイ』が売れなかったら、こんご翻訳小説が売れる見込みは当分ないだろうと覚悟していた。

しかし、そのころ、早川書房のほかにも、翻訳ものに積極的な出版社があった。その出版社の活動に私がどれだけ力づけられたことか。私は宮田昇氏からその出版社の話をよく聞いた。弘文堂である。この出版社の編集長の田村勝夫氏は、臆病な私にとって水先案内人の役目を果たしてくれたのだった。

翻訳出版の〈創造性〉

アメリカのベストセラーは、どうしてあんなに長いのか。枕にできるほどの厚さの本がある。最近読んだドロシー・ユーナックの『法と秩序』(早川書房)が五百ページをこえる大作で、読みはじめるのに覚悟がいる。読みだせば、あとは一気に最後まですすんでしまうけれど、読むことも重労働だという感じがする。

しかし、『法と秩序』ぐらいで驚いてはいけないと思った。SF作家ハインラインの『愛に時間を』(早川書房)は七百五十九ページである。読むほうもたいへんであるが、訳すほうはもっとたいへんだし、出版社も頭が痛いことだろう。

翻訳ものの8ポイント活字二段組というのは、読者の手に取らせにくいものである。それだけで部数が限定されてしまうのではないか。もちろん、例外もあるが。

翻訳して七百枚をこすのは、あらゆる点でしんどい気がする。せいぜい四百枚か五百枚だったら、翻訳ものも出しやすい。長いものなら抄訳にしてはどうかという意見もあるが、いかに訳者ががんばったところで、本にしてみると、行間に隙間風が吹いている印象をあたえられる。雑誌なら抄訳でいいと思う。

しかし、長さを怖れない出版社があった。アレン・ドルーリの『助言と同意』という政治小説がアメリカでベストセラーになったのは、一九五九年（四位）と翌一九六〇年（一位）である。ドルーリはこの処女長篇でベストセラー作家になった。

この『助言と同意』が、いまとちがって、すぐに翻訳されなかったのはいうまでもないだろう。一九五九年の小説のベストセラー上位十点のうち、邦訳されたのは『ドクトル・ジバゴ』、『チャタレイ夫人の恋人』（完本）、ウィリアム・J・レディラーとユージン・L・バーディックの『醜いアメリカ人』、そして『ロリータ』、ミッチェナーの『ハワイ』の五点にすぎない。

さらに一九六〇年のベストセラー表を見ると、邦訳はジュゼッペ・ディ・ランペドゥーサの『山猫』、アーヴィング・ウォーレスの『夜の収穫』の二点である。現在なら、一九五九年のベストセラーも、六〇年のベストセラーも、翻訳権をめぐって各社の競争になっているだろう。『助言と同意』はあまりにも長かったので、問題にならなかったものと思われるし、しかも政治小説である。私が早川書房に入社したばかりのころであるから、くわしい事情は知らない。

アメリカのペイパーバックの定価が二十五セント、五十セントから、六十セント、九十五セントに値上がりしたころのことである。つまり、ジョン・オハラを例にとれば、『バターフィールド8』が二十五セントから六十セントに、『ノース・フレデリック街十番地』（ゲーリー・クーパーとスージー・パーカーの主演で『秘めたる情事』という映画になった）が九十五セントになったのである。

意表を衝く弘文堂の活躍

ハヤカワ・ノヴェルズをはじめてまもないころだったと思うが、ある日、私のところへ電話がかかってきた。川口正吉さんという方で、用件は、アレン・ドルーリの『助言と同意』を訳しているのだが、早川書房で出してくれないかというのである。『助言と同意』が長いことは知っていたし、ペイパーバックが出ても、まずその厚さに辟易して買わなかったほどだから、色よい返事はできなかった。そして、弘文堂の田村さんに話してみてはどうかと川口氏にすすめたのである。なぜ弘文堂ということになったのか、理由は簡単で、弘文堂が翻訳ものをさかんに出していたからである。

『助言と同意』と前後するかもしれないが、弘文堂はもっぱら海外のノンフィクションを新書判やB6判でやつぎばやに出していた。私から見れば、大胆で意欲的な出版だったので、ドルーリの小説についても、川口さんに弘文堂をすすめたのだろう。

翻訳出版には試行錯誤がどうしても避けられない。ハヤカワ・ミステリにしても、つぶさに見れば、そこに錯誤があるはずである。私がハヤカワ・ミステリで編集を担当した一冊は、殺人事件のない小説だった。翻訳を終えた訳者から、かんじんの謎がない小説だけれど、と言われたときは愕然としたが、有名作家であり、その作家の全作品版権取得をうたっていたので、目をつぶって出した。

もう一冊、恥かしい思い出がある。一九六〇年ごろだったと思うが、やはりハヤカワ・ミステリで、エリック・アンブラーの『デルチェフ裁判』だった。

ハヤカワ・ミステリの編集担当者は私一人である。『デルチェフ裁判』は定評のある訳者の仕事だったので、私は原稿を読むこともせず、製作担当者にわたした。それが失敗だったのである。本になってから、誤訳を指摘する読者の手紙が何通か来た。早川書房の本をよく書評にとりあげてくださる評論家から、はじめからまるで意味が通じないと言われた。社長の早川氏からだいぶ叱られた。

早川さんはこの『デルチェフ裁判』をすぐに絶版にしたはずである。これは私の失敗であるが、弘文堂も同じ間違いを犯していたというわけではない。むしろ、そういうことはなく、ただ、作品の選定にこちらの意表を衝くところがあった。

弘文堂の翻訳ものに私がはじめて注目したのは、ライル判事の回想録ともいうべき『カポネを捕えろ』である。これは新聞雑誌の書評欄で紹介されたし、私自身ギャングに関心があったから、『カポネを捕えろ』を読んだのは当然である。

当時の弘文堂のリストを見ると、以下のような翻訳ものがある。アンドルー・タリー『スパイ帝国――CIAの内幕』、ギースラー『ハリウッドの弁護士――ギースラーの法廷生活』、ロバート・リンドナー『心の秘密――精神分析医の記録』、ジェームズ・ボールドウィン『次は火だ』、レイモンド・マーチン『暴力団をつぶせ――マフィアへの挑戦』（なんと、翻訳者は上之郷利昭氏である）など。

なかでも、私が感嘆したのは、ルイス・ナイザーの『私の法廷生活』（安部剛、河合伸一訳）とセオドア・H・ホワイトの『大統領への道』（渡辺恒雄、小野瀬嘉慈訳）とセオドア・ソレンセンの『ケネディの道』（大前正臣訳）の三冊である。

私を励ました田村氏の仕事

三冊とも世評の高いノンフィクションだった。『私の法廷生活』は、まことに読みごたえのある法廷ものだったと記憶している。『大統領への道』はケネディとニクソンの大統領選の報告であって、四年ごとにホワイトが書いているものであり、ケネディ対ニクソンはその一冊目ではなかっただろうか。

三冊とも読んでみれば、面白いことがわかるし、翻訳してしかるべき本であると納得する。しかし、いまから十五、六年前においては、編集者がこういう本の版権を取るのは、蛮勇を必要としたのである。失敗すれば向こう見ずと言われただろう。

翻訳出版の試行錯誤といったのはその意味である。他社の手がけたものを追いかけるのは容易であり、金をかければできることだ。それでも、翻訳出版に試行錯誤はつきまとうだろう。『私の法廷生活』も『大統領への道』も『ケネディの道』も編集者が蛮勇をふるった結果であり、幸運にも成功した例であるが、そこに、話は大げさになるかもしれないが、翻訳出版の創造性があったと私は思うのである。とくにソレンセンの『ケネディの道』は出版界にケネディのブームをもたらした、そのさきがけをなすものだった。

右の三冊の訳者まえがきには、編集長、田村勝夫氏の名前が出ている。面識はなくても、私は田村氏の名前をこのまえがきで知ったのだと思う。

ドルーリの『助言と同意』をこの田村さんに話してみるよう、川口正吉氏にすすめたのは、弘文堂ならどんな本でも、田村さんを説得できれば、出してくれるのではないかと思ったからである。はたして、ドルーリの大作は『アメリカ政治の内幕』という題名で三巻になった。

田村さんは小柄であるけれども、度胸のある人である。編集者としては二枚腰の、ねばり強い人であるとも思う。田村さんとゆっくりお話ができるようになったのは、私が早川書房を辞めてからで、それまでは、パーティなどで顔を合わせただけにすぎない。

しかし、田村さんに、私はケネディ・ブームをつくった人として、畏敬の念を抱いていた。とにかく、よく怒る人だということを噂に聞いていた。その後、怒っているところを実際にこの目で見て、こわいけれども、なんとなく愛嬌があると思った。

『ケネディの道』が大ベストセラーになると、田村氏は弘文堂を去らなければならなかった。さまざまな事情があったと聞いている。ベストセラーを出した編集者がその出版社から追われたというのは、空前絶後のことだろう。

もともと、私はノンフィクションが好きだし、アメリカの大衆小説を読むくらいなら、ノンフィクションをとるほうだが、ハヤカワ・ノンフィクションの企画では、田村さんにおくれをとったと思っている。氏に刺激され、アメリカの政治に一般の関心が高まるようになって、私も政治ものに注目するようになった。

田村氏が弘文堂で手がけたノンフィクションは、少なくとも私の盲点をつく企画だった。しかも、他社がかえりみなかったノンフィクションである。『私の法廷生活』も『大統領への道』もアメリカのベストセラーだったが、それを受けいれるだけの下地が日本にまだないと私は判断していた。

一冊一冊が勝負と冒険

田村勝夫氏は現在、サイマル出版会の社長である。弘文堂を去ったのち、サイマル出版会をおこし、基礎を築かれるまでは、苦労の連続だったにちがいない。しかし、サイマルでも田村さんは先駆的な仕事をしておられる。

アンソニー・サンプソンの『企業国家ＩＴＴ』（田中融二訳）、デーヴィッド・ハルバースタムの『ベスト＆ブライテスト』（浅野輔《たすく》訳）の二冊に私は興奮した。『ベスト＆ブライテスト』は各社が敬遠したノンフィクションである。田村さんだから、ハルバースタムが出せたのだと思う。ハルバースタムはその前にヴェトナム戦記が某社から出ているけれども、売れなかったと聞いている。

『ＩＴＴ』の成功で、サンプソンの次作をめぐって、版権の猛烈な争奪戦が演じられた。サイマル出版会はその戦いに敗れたけれども、お金の勝負なので、かえって『ＩＴＴ』を売った実績が光るのである。

弘文堂時代も、サイマル出版会でも、田村氏は編集で小見出しを多用した。それが『ＩＴＴ』でようやく結実したように思われる。田中融二氏の翻訳も見事であったが、小見出しによって、いっそう読みやすくなったし、その小見出しに編集の熱気のようなものが感ぜられた。翻訳出版でいちばん楽しいのは編集である、と私は前に書いた。その楽しみを最も味わっている編集者の一人が田村さんではなかろうか。

早川書房に勤務していた私にとって、田村氏の存在は一つの目標だった。翻訳出版は未知との勝負なので、勇気ある先達がいれば、こちらは心強い。田村さんは、まさにそのような人である。

いまは翻訳出版に未知の要素は少なくなったが、そのかわり、金がかかるようになった。金さえ出せば、というのが翻訳出版ではないかという気がしている。

アメリカ出版界もそうであるのか。それが気になっていたのであるが、昨年（一九七七年）ハーパー・アンド・ロウ社のキャス・キャンフィールドに会い、最近ベネット・サーフの『アト・ランダム』[*1]を読んで、昔と変らないことを知った。

サーフはアーヴィング・ラザーというハリウッドで最も有名なエイジェントのことを書いていた。私の好きな作家、アーウィン・ショーのエイジェントである。サーフはめったに悪口を言わない出版人だったが、ラザーについては皮肉たっぷりに書いていた。つまり、出版社から少しでも金を多くふんだくろうというのである。

アーヴィング・ラザーが介在すれば、必然的に版権料がつりあがる。彼におどらされた出版社は多いはずである。アーウィン・ショーにしても、ランダム・ハウス社が育てた作家といっていいが、ラザーをエイジェントにすることによって、ランダム・ハウスから去ってしまった。ランダム・ハウス社時代のショーはいいものを書いている。いまはベストセラー作家であるが、往年のあの文体はどこにいってしまったのかと思う。私が文体のことを云々するのはおこがましいけれども、実際にショーを訳してみて、ショーがたんなるベストセラー作家におちてしまったと実感する。一九五〇年までのショーの文体は訳すのに骨が折れるほど緊密であるが、現在の彼の小説は私でも簡単に訳せるのである。

ショーの場合、ランダム・ハウス社と金のことで衝突したが、サーフはショーの作品のできばえに不満だったらしい。したがって、『アト・ランダム』を読むと、ショーがランダム・ハウス社から見はなされたようにも思われる。

早川書房に勤めていたころ、私は、有難いことに高い版権料で苦労することはなかった。日本の出版社がいかに貧しいかを説明し、海外の権利者を納得させるエイジェントがいてくれた。田村勝夫氏が弘文堂で活躍していたころは、翻訳出版の大らかな時代だったのである。大胆なことができたし、翻訳ものの一冊一冊が勝負であり冒険だった。私は田村氏の真似をして、ハヤカワ・ノンフィクションに政治ものを入れて、一冊だけ成功したことがある。

その一冊とは、ラルフ・デ・トレダーノの『ロバート・F・ケネディ』（新庄哲夫訳）である。R・K批判の書だったから、売れないと諦めていた。初版の部数も五千部程度ではなかったか。ところが、発売四日後に、ロバート・ケネディが暗殺された。しかも、ロバート・ケネディに関する本で翻訳されていたのは、この一冊だけだった。

＊1　邦訳は、一九八〇年に早川書房より刊行された（木下秀夫訳）。

本を選ぶ態度

著作権代理店から送られてきた本を私が自分で読んで、面白いと思い、編集会議で支持されても、その翻訳は意外に売れなかった。記憶にあるだけでも、そういう本が二点ある。一冊は夫の妻殺しを扱った『新聞裁判』。

新聞が人を裁くという、いわばペンによる暴力を告発したノンフィクションだった。風邪で会社を休んだときに読んで、いたく感心し、ノンフィクションのシリーズだった新書版のハヤカワ・ライブラリの一冊として、編集会議に提出したのである。

永井淳氏の訳で書評もきわめて好意的だったし、多くの新聞雑誌がとりあげてくれた。気の早い私は増刷になるのではないかと思ったが、売行きのほうはかんばしくなかった。初版が五千部で、六か月後のデータでは二千部程度しか売れていなかったと思う。

売れなかった理由の一つは、犯罪ものはもともと売れないということである。ハヤカワ・ライブラリの第一冊はエリオット・ネスの『アンタッチャブル』だったはずで、これは成功したけれども、ＴＶドラマに負うところが多かった。カポネの率いるシカゴ・ギャングとエリオット・ネスの活劇をドラマにしたＴＶシリーズがなかったら、おそらく、『アンタッチャブル』が翻訳されることはなかっただろう。

映画やＴＶドラマになったために、原作が翻訳されることが多い。フィッツジェラルドの『グレート・ギャツビー』にしても、ロバート・レッドフォードの『華麗なるギャツビー』がなかったら、文庫の翻訳が四種類も出るはずがなかった。[*1]私も早川書房をやめてから、映画化ものを一冊訳した。

ホレス・マッコイの『彼らは廃馬を撃つ』である。この小説は、映画化（『ひとりぼっちの青春』）されなければ、翻訳される機会はなかったと思われる。もっとも、翻訳は文庫で出て、あっというまに絶版にされてしまったが。[*2]

作品に惚れこむと

翻訳ものは編集の仕事でも、翻訳の仕事でも、ままならないと思うことがよくある。自分でこれはと思った本は売れないし、せいぜい五千部も出ればと諦めたり、こんな版権をとって失敗したと思ったものが売れたりする。

もう一冊、私が読んだために売れなかったのは、ジョナサン・コゾルの『罌粟《けし》の香り』である。この小説は、大学を出たころに読んで感激し、自分の手でいつか訳してみたいと思っていた作品である。ハーヴァード大とラドクリフ女子大の男女の恋もので、青春小説であり、ヨーロッパを遊び歩くので、一種の観光小説でもあった。

コゾルは現在、教育問題の評論家として活躍していて、小説は書いてないが、一九五〇年代に登場した有望な作家である。『罌粟の香り』は小説としてもすぐれていた。

ハヤカワ・ノヴェルズが軌道に乗ったとき、私はコゾルの小説をこのシリーズに加えた。訳者は志摩隆氏。

ハヤカワ・ノヴェルズを企画したとき、私の頭にあったのは、海外の大衆小説の翻訳であって、文学的なものを考慮しなかったことは前に書いた。ジョン・ル・カレの『寒い国から帰ってきたスパイ』に代表される冒険小説と、メアリー・マッカーシーの『グループ』に代表される、女性の読者を獲得しようという恋愛小説と、この二つがハヤカワ・ノヴェルズの基本路線である。

コゾルの小説は後者にぴったりだったので、ハヤカワ・ノヴェルズに加えたのであるが、やはり結果は思わしくなかった。ほかにも、私が読んで、売れなかった本が何冊かあるにちがいない。

しかし、私は自分に都合の悪いことは忘れてしまう。ハーコート・ブレース・ジョヴァノヴィッチ社の社長ジョヴァノヴィッチの、「失敗をいつまでもおぼえていたら、出版なんてとてもできない」という言葉を思い出す。

ただ、私が自分の判断力に疑問を感じたことは事実である。その理由を考えてみて、私自身が翻訳に従事していることと関係がありそうだった。たんなる一訳者として作品に惚れこんでしまうところが私にはあったらしい。

これは、翻訳者の判断を信用しないという意味ではない。私が著作権代理店から来た小説やノンフィクションを読む場合、翻訳担当の編集者としてではなく、翻訳者として読んでいたのではないかということである。ひとつ、オレが翻訳してみようかという欲があったのである。それが私の判断の目をくもらせたのではないか。

選択に間違いはなかったと信じているが、しかし、売れなかったのは痛い。『罌粟の香り』の場合は時期が早かったという気がする。作者が無名の新人であり、内容はロマンチックな恋物語だったので、一九六〇年代には向かなかった。

もっと意地悪く考えれば、昔読んだものを翻訳がまだ出ていないからといって、ハヤカワ・ノヴェルズに入れたのは自己満足ではなかったかと思わないわけにいかない。その後、私は失敗にこりて、変な色気は出さないように努めた。つまり、なるべく訳者の方に読んでいただいて、内容を詳しく聞きだすように心がけたのである。

なまじ英語を知っていると、かえって怪我をする。本に対してはむしろ白紙でのぞんだほうがいい。私は、翻訳担当の編集者に語学はそれほど必要ではないと信じている。英語をぜんぜん知らなくっても、翻訳ものの編集はできるはずだ。

当たった『ゴッドファーザー』

私が読んで、当たったといえるのは、『ゴッドファーザー』だけである。もっとも、これは私が早川書房を辞めたあとで、翻訳が出たのであるが（一ノ瀬直二訳）[*3]、これとても映画がなかったら、売れただろうかという疑問が残る。

マリオ・プーゾの『ゴッドファーザー』は一九六九年はじめのベストセラーだった。これは日本ユニ・エージェンシーの前身、矢野著作権事務所から送られてきていた。あまりにもページ数が多いので、私は机にのせたまま、読まずにいた。これもけっしてほめられた話ではない。『ゴッドファーザー』が「パブリッシャーズ・ウィークリー」誌のベストセラー・リストの上位に進出し、やがて一位を占めるにいたって、私はあわてて読みはじめたのだった。一気に読めたことはいうまでもない。それに、私はマフィアのことを調べていたから、『ゴッドファーザー』の面白さも格別だった。

『ゴッドファーザー』に不満があったとすれば、前半と後半のセックス・シーンである。話がだれてくると、アメリカの大衆小説にはかならず濡れ場が出てくる。それがいかにもつくりものの感じをあたえる。しかし、これが大衆小説の手法なのかもしれない。『ゴッドファーザー』を読み終って、もちろん私はハヤカワ・ノヴェルズに入れたいと思った。しかし、ためらいがなかったわけではない。ベストセラーの首位にあるといっても、まだそれが日本では通用しなかった時代である。

しかも、内容はわが国ではほとんど知られていないマフィアである。アメリカの大衆小説は読みはじめれば、その面白さに惹かれて、最後まで読んでしまう。そして、きまって、こういう面白い小説が日本では生まれないのか、と読んで人は言う。

そうではあるけれども、読んでもらうまでが大変なのである。まして、四百ページも五百ページもあって、8ポ二段組となれば、読者は見ただけで敬遠する。『ゴッドファーザー』にもその危険があった。

編集会議でも、危ぶむ声があった。マフィアの小説をいったい誰が読むのか。アメリカだから、ベストセラーのトップにもなる。しかし、ベストセラー一位であることは、早川書房の編集会議では大きくものを言った。新聞広告で、アメリカのベストセラー第一位とうたえる。

その編集会議で、結局、版権を取ろうということになり、条件は印税前払金が三百ドルと決まった。印税率は一万部ごとに六、七、八パーセント。ハヤカワ・ノヴェルズの平均的な版権料である。

作者プーゾのエイジェントはキャンディダ・ドナディィオだっただろうか。返事は、安すぎるので印税前払金をあげよということだった。五百ドルで契約を結んだのではないかと思う。いまから考えれば、じつに安い。それでも、当時の私は高いと思ったものである。まだドル・ショック前のことであり、一ドルは三百六十円だった。競争のはげしくない時代でもあった。

一九六〇年代の終りから七〇年代のはじめにかけて、アメリカの出版界はマフィアもののブームだった。『ゴッドファーザー』と前後して、ピーター・マーズの『マフィア』[*4]（原題『ヴァラーキ・ペイパーズ』）が出て、これまたノンフィクションのベストセラーになった。『ゴッドファーザー』のあとに、ゲイ・タリーズの『汝の父を敬え』が、マフィアをはじめて内側から描いたニュー・ジャーナリズムとして注目された。『オットファーザー』とか、『汝のゴッドファーザーを敬え』などというパロディがちょっと話題になった。

『ゴッドファーザー』がどれだけ売れたかは知らない。かりに早川書房に残っていたら、たぶん私がこの翻訳をしたはずである。そして、私が訳していたら、あんなに売れたかどうか。売れないという可能性もあったはずである。

エイジェントからまわってくるリーディング・コピーを読むにあたって、自分の好みに縛られると、ろくなことはない。偏見を持たずに読むことが大切であるし、作者が有名だからといってまどわされてもいけない。無名の新人だからといって、見くびってもいけない。本に対して謙虚であることがかんじんだと私は思っている。知ったかぶりをしてはいけないということである。

多くの失敗はあったけれども、ハヤカワ・ノヴェルズとハヤカワ・ノンフィクションには、私が早川書房入社以前に読んで、気に入っていた作品をいくつか入れることができた。それは私にとって幸福なことであったと思う。

ハヤカワ・ミステリでは、そういう一冊にフリードリッヒ・デュレンマットの『約束』がある。なぜそんなアンチ・クライマックスの反探偵小説をハヤカワ・ミステリに入れたのか、その事情を申しあげると、私がミステリ担当編集者として探偵小説を読みすぎた結果である。探偵小説を読むことで、探偵小説がますます好きになる人と、うんざりする人間がいるとすれば、私は明らかに後者に属する。

私は探偵小説を読みすぎて、もう犯人なんかどうでもいいじゃないかという心境になっていた。早川書房にはいる前は、いっぱしのミステリー・ファンだったが、編集者になってからは、それが仕事になると厭気がさしてきたのである。やはり、私はなんでも中途はんぱなのだ。

有難いことに、早川書房は翻訳専門だから、そんなに忙しい出版社ではなかった。「パブリッシャーズ・ウィークリー」誌を丹念に読んでいれば、いいときもあった。勉強できる会社だったので、よく新刊の書店や古本屋をのぞくことができた。銀座のイエナ書店。神田の古書店。洋書を扱っている書店をのぞくことがもう勉強だった。そして、なんどもいうようであるが、翻訳出版の世界はじつにのんびりしていた。

誇りに思う「現代ジャーナリズム選書」

人真似をしなくてもよかった。新しいことをやれば、社長の早川氏はよろこんでくださったし、失敗しても平然としておられた。一九六七年ごろだったと思うが、私は「現代ジャーナリズム選書」というシリーズを企画した。出版や雑誌、新聞、TVに関する研究書を出すのが、いつのまにか私の念願になっていた。これは「パブリッシャーズ・ウィークリー」を読みつづけてきた結果であろう。

また、そのような企画ができるほど、ジャーナリズムに関する本がリーディング・コピーとして早川書房に来ていた。その作品をしるせば、フレッド・フレンドリー『やむをえぬ事情により…』（岡本幸雄訳）、ジョン・コブラー『ヘンリー・ルース』（小鷹信光訳）、ロバート・マクニール『ピープル・マシーン』（藤原恒太訳）、ジョン・C・メリル『世界の一流新聞』（山室まりや訳）、ゲイ・タリーズ『王国と権力』（藤原恒太訳）、ノーマン・カズンズ『ある編集者のオデッセイ』（松田銑訳）などである。

はじめから売行きは期待していなかった。刷部数も二千から三千部と決めていた。もう一冊加えたいものがあったが、諦めざるを——となった。それは、チャールズ・マディスンの『アメリカの出版界』である。マグロー・ヒル社の出版だった。

あるいは、マディスンの『アメリカの出版界』が「現代ジャーナリズム選書」企画を触発したのかもしれない。リピンコット社のジョゼフ・リピンコット社長にあとで会ったとき、あの本には間違いがあると言っていたけれども、アメリカ出版界を知る上では、非常に便利な参考書だった。

この本が出ることを私は「サタデイ・レビュー」誌で知った。一九六二年のことである。同誌はその一部を掲載したのである。スタインベックの編集者だったパスカル・コヴィチの生涯の部分を載せていた。それを読んで、さっそく注文したと記憶する。

それにしても、なぜマグロー・ヒル社はこんな売れない本を出版したのか、首をひねったものだった。その謎は、最近、「エスクァイア」誌に掲載されたウィリアム・スタイロンの長篇の抜粋を読んで理解できた。スタイロンはかつてマグロー・ヒル社の編集者だったのである。編集者といっても、ジュニア・エディター、つまりコピー・リーダー、無名の著者が送ってきた原稿を読む係だった。

マグロー・ヒル社は工学技術の出版社としては一流であったが、トレード・ブックス（一般書）の部門では他社に大きく水をあけられていた。そこで、プレスティージを高めようと、さまざまな試みをしていたのだった。

マディスンの著書もその一冊だったのかもしれない。しかし、『アメリカの出版界』を「現代ジャーナリズム選書」から除外したのは、当のマグロー・ヒル社の著作権担当だったアルフレッド・ヴァン・ダー・マーク氏の忠告に従ったからである。あまりにも特殊すぎて、日本では売れないのではないか、と氏は言うのだった。そのかわり、ノーマン・カズンズの『ある編集者のオデッセイ』については、早川書房の条件を快く呑んでくれた。

私はこの「現代ジャーナリズム選書」の企画を、いまもひそかに誇りに思っている。このような企画を認めてくれた早川書房に感謝している。

＊1　映画封切の一九七四年に刊行していたのは、角川文庫（大貫三郎訳）、新潮文庫（野崎孝訳）、ハヤカワ文庫（橋本福夫訳）、講談社文庫（佐藤亮一訳）。

＊2　常盤新平訳『彼らは廃馬を撃つ』は、一九八八年に王国社、二〇一五年に白水社から復刊された。

＊3　加島祥造のペンネーム。ほかに久良岐基一名義の翻訳書もある。

＊4　邦訳は一九七一年、日本リーダーズダイジェスト社刊（常盤新平訳）。

翻訳者と翻訳語

ジョン・アーリックマンの『ザ・カンパニー』(新庄哲夫訳、角川書店)は出色の政治小説である。アメリカの政治小説といえば、たいていはばかばかしく長い。アレン・ドルーリの『アメリカ政治の内幕』がそうだった。

アメリカの政治小説は、読みはじめれば面白いのであるが、読む前から敬遠したくなる。『ザ・カンパニー』は長さが適当であり、しかも、作者がホワイト・ハウスに自由に出入りできたという強味もあって、一気に読ませる。新庄氏の翻訳がいい。アメリカの政治を知悉《ちしつ》して訳しているという安心感がある。

ただ、『ザ・カンパニー』を読みながら、翻訳の問題を私なりに考えてみた。まず、気になったのは、ＣＩＡの長文の秘密文書が片仮名で訳されていることである。これが非常に読み辛いので、なぜ片仮名にしなければならないのか、理解に苦しんだ。戦前ならいざ知らず、公文書はひら仮名で書かれているのではないか。

訳者が作品を十分に理解しているかが問題

翻訳といえば、かならず誤訳指摘がある。私も誤訳はけっして少なくないほうなので、いままでなんどか槍玉にあげられてきた。

誤訳を目を皿のようにして探しまわる同業者もいる。しかし、そのむかし、雑誌のコラムで誤訳を指摘していた人がいたけれども、その人の翻訳は読むに耐えないものだった。

また、ある老翻訳者は、いまはつぶれてしまった翻訳研究雑誌で、沼沢洽治《こうじ》氏のサリンジャーの翻訳にケチをつけ、さらに「私」は「わたし」と、「我々」は「われわれ」と書くべきであると主張した。沼沢氏は老翻訳者の誤訳の指摘そのものが間違っていることを明らかにし、「私」や「我々」と書くのは翻訳者の自由であるとあっさりしりぞけられた。

つまり、私が申しあげたいのは、誤訳を指摘するその人が意外に語学を知らないということである。老翻訳者にしても、フィリップ・ロスの名を知らなかったので、そういう人がなぜサリンジャーの翻訳を問題にするのかと私は不思議に思ったほどである。

むしろ、問題にすべきは、訳者が作品を十分に理解して翻訳しているかということだろう。書評のために私はよく翻訳書を読むが、訳者が理解していないと思われる小説やノンフィクションにぶつかる。これは本にとって不幸なことであり、誤訳以前の問題である。誤訳は、読めばすぐわかる。名訳は原文と対照しなければ、なかなかわからない。訳者の読みの深さもわからない。

たとえば、以下はある探偵小説の冒頭の部分である。

「……それがいけないのだが、疑うことを知らないだけなのだ。人が面と向かって嘘をつけるとは、私にはどうしても信じられないことなのだ。実際には、そのために私は数えきれないほど苦い思いをさせられている。にもかかわらず、どういうわけか、私は今もって人が嘘をつくとは信じられないのだ。自分一人でいる時は、私は意志強固で、皮肉屋で、底無しの懐疑派だ。ところが、口の達者な未知の人間が目の前に現われて能書きを並べると、たちまち私の頭は信頼の霧に閉ざされてしまう。信頼は一切を包み込んでしまうのだ。私は二十世紀のニューヨーク市におけるたった一人の金のなる木であるような心持ちになってしまう」

わずか一節のなかに、これだけの「のだ」が出てくると、「のだ」と読むたびに、頭をぶんなぐられているような気がしてくる。右の訳文では、それほど「のだ」は必要でないはずで、せいぜい一つでたくさんだ。

この「のだ」には、台詞の翻訳でもよくお目にかかる。しゃべるときに、私たちはめったに「のだ」を使わないので、「のだ」が多い台詞の翻訳にお目にかかると、もっと芝居を見てもらいたいものだと思う。もっとも、「のだ」と書けば、私の場合でもなんとなく安心する。語尾を「のだ」としておけば、断定的で読者に有無をいわせないところがある。

老人の台詞の翻訳も困ったことだ。たいてい、「わしは……じゃ」である。本当に、老人はみんなそう言うのかという疑問がある。もう、このような決まりきった翻訳はやめるべきではないだろうか。老人でも、「僕」と言い、「私」と言う。それでは、年寄りの感じが出ないというのであれば、台詞全体で老人の感じを出せばいい。

電文を片仮名で訳すのも、言わしていただけば、いただけない。なぜその必要があるのか。「コンヤ八ジ　三十プンにゅうようらくニック　じょん」と書いてみたってはじまらないではないか。

『ザ・カンパニー』の秘密公文書にしても、普通に訳してもらいたかった。片仮名の部分だけ私は読みとばしてしまった。

うまい翻訳者は「あとがき」が下手

翻訳書を読む楽しみの一つは、訳者のあとがきである。私の場合は弁解が多く、泣き言になるけれども、自分の訳書の原作をほめるあまり、ほかの作品をくさしたりはしないし、原作の悪口も書かない。

ある女流作家の探偵小説にたいへん感心して、訳者のあとがきを読んだら、「惜しむらくは人物が類型的で」云々と書いてあったのには驚いた。探偵小説なら人物が類型的で結構ではないか。しかも、私はべつに「類型的」であると思わなかった。

原作を持ちあげすぎるあとがきも困るが、批判めいたのもやりきれない。批判的であるなら、なぜ翻訳したのかと訊いてみたくなる。そういう翻訳にかぎって、読んでいると、うっとうしくなってくる。

不思議なことに、うまい翻訳者にかぎって、あとがきを書きたがらないか、下手である。もちろん、例外もあるが、訳者があとがきを書きたがらないのは、翻訳を読んでくれれば、すべてがわかるはずだという自信の表われであろうか。

私がいつも感心してきたのは、丸谷才一氏の箇条書きによるあとがきである。簡にして要を得ている。『ザ・カンパニー』でもわかるように、新庄哲夫氏もあとがきがうまい。（ただし、アーサー・ヘイリーまでニュー・ジャーナリズムに加えるのは事実誤認だろう）

ハヤカワ・ミステリでは、編集者が解説を書いてきた。原稿料は一枚百円か百五十円だったので、社内原稿にしても安すぎると言われたものだが、いまとなっては懐かしい思い出である。私もずいぶん書かされたけれども、ハヤカワ・ミステリの解説の書き手のなかでいちばんうまかったのは、なんといっても都筑道夫氏である。それから、ハヤカワSFでは福島正実氏。

あとがきを見ていると、作者名を書くのに、名前を頭文字にして、たとえば、H・ロビンズとか、J・サーバーとか、E・マクベインと書いてある。これも私には気になることである。

ロビンズ、サーバー、マクベインでいいのではないか。新聞広告でも、スペースがなければ、名前を頭文字だけにするのはやめて、サーバーとかロビンズでいいと思う。

沢木耕太郎氏の『敗れざる者たち』には、ヘミングウェイの引用が出てきて、「A・ヘミングウェイ」となっている。アーネストだからAになったのだろうが（正しくはE）、たんにヘミングウェイとだけ書いておけば、ボロを出さずにすんだはずである。

以上のような指摘は私の偏見であろうか。このようなことを書くと、いちばん困るのは書いた本人であることを私は承知している。デカいことを言って、えらそうなことを言ってと叱られそうである。

しかし、「のだ」が多い台詞の翻訳に接すると、TVの時代劇を見ているような、寒々とした気持になるし、「わしは……じゃ」という老人の台詞を読むと、老人をあまりに馬鹿にしているのではないかと思うのである。そして、そういう翻訳はどうも信用できないという気持になってしまうノダ。

ときには細心に、ときには思い切って

もう一つ、私の不満は、ヴァがバ、ヴィがビと表記されるようになったことである。VULCUNという男性化粧品があるけれど、日本語はバルカンであるので、なぜBにしなかったの

かという疑問が残る。ヴァルカンのほうが、かえって有難味があったのではないか。ヴィクトリア女王がビクトリア女王では、なんだか情けないし、シルビア・プラスはシルヴィア・プラスであってもらいたい。そのくせ、インタヴューという不思議な表記もある。私には、これはヴューとしか読めないので、インタビューと書くことにしている。「未来」の「フューチャー」というのもおかしい。これも「フユーチャー」としか読めない。

こんな些事にこだわるから、私の翻訳は遅れるのかもしれない。心をいれかえて、どんどん翻訳することにします。

翻訳を勉強する上で、私にとって幸運だったのは、教えることの好きな先輩にめぐまれていたことである。中田耕治氏は私の下訳に手を入れてくれたし、都筑道夫氏は翻訳の要領を教えてくださった。ときには細心に、ときには思い切った訳を、と都筑さんは言われた。推理作家のなかで、都筑氏ほどの文章家はいないというのが私の持論である。

福島正実氏からは商品になる翻訳のコツを教えていただいた。まだ早川書房が旧社屋のころで、一階は営業部で、階段の下の暗いところに早川清氏の机があった。

それからもう二十年になる。その間に、私は早川書房にはいり、十年後に辞めて、翻訳者になり、福島さんは亡くなられた。都筑氏と生島治郎氏は作家になった。

自分が翻訳したものに影響されるというのは、おかしいことかもしれない。それほど、私がヤボだということであるが、翻訳するたびに、作品から影響をうけて、しばらくはほかの仕事が手につかなくなる。タリーズの『汝の父を敬え』の場合も、ウッドワード、バーンスタインの『大統領の陰謀』の場合もそうだった。したがって、訳文に重苦しさが残るのである。誤解もする。誤訳は重大であるが、しかしこれは避けられないことだと諦めてきた。翻訳には誤訳より大きな問題がある。思い切って例をあげれば、あるアメリカの女流作家のベストセラー小説の翻訳である。この翻訳からは女のかなしみが伝わってこなかったのである。女性が訳しているのに、なぜ女主人公のかなしい姿を出せないのだろうと、読みながら腹が立ってしかたがなかった。

翻訳は結婚に似ている

私の知人によれば、翻訳ものは、訳文にひっかかりながら、本当はどういう意味なのだろうかと考えて読みすすんでいくところに面白さがあるという。すらすら読めるのは、翻訳ではないのである。

翻訳ものはじつに読みやすくなった。ノーマン・メイラーにしても、『ザ・ファイト』（生島治郎訳、集英社）などきわめて読みやすい。『一分間に一万語』（小西英一訳、河出書房新社）と読みくらべると、メイラーという作家が二人いるようにも思われる。

読みやすいにこしたことはないけれども、『一分間に一万語』の翻訳のほうが原文をホウフッとさせることは確かである。それこそ「ひっかかり」ながら、『一分間に一万語』を読んでいかなければならない。『ザ・ファイト』のほうは大衆小説を読むようである。ただし、『一万語』と『ザ・ファイト』の原作のあいだに、メイラーの文体の大きな変化は認められない。

訳者によって、同じ作家のものがこうも違ってくる。訳者によって、原作が生きもすれば死にもする。翻訳のうまい人が手がけたからといって、かならずしも生きるわけではない。もちろん、うまい人が翻訳すれば、たいてい原作は生きるのであるが。

翻訳というのは結婚ではないか、と私は思ってきた。作品があてがいぶちであろうと、訳者がほれこんで出版社に売りこんだものであろうと、結果はどうなるかわからない。この場合、作品は女であって、男しだいでどうにでも変ってくる。

たとえば、清水俊二氏がチャンドラーを訳し、高見浩氏がマルティン・ベックのシリーズを訳すことに、大げさになるけれど、運命的なものを感じる。翻訳はじつは誰がやってもいい。速くてうまい人であれば、出版社にとってこんなに好都合なことはない。誰でもいいという証拠に、アップダイクはいろんな方が翻訳している。

しかし、チャンドラーは清水氏を得てよかったと思うし、マルティン・ベックはやはり高見浩氏でなければいけない。また、ヘイリーの『マネーチェンジャーズ』（新潮社）も永井淳氏が最適任だったと思う。

翻訳者にとっても、翻訳出版は未知の要素が多すぎる。まず、いったい印刷の部数が一万部か二万部か見当がつかないし、もちろん売れるかどうかもわからない。出版社にとって、翻訳ものはギャンブルであるが、翻訳者にとってもそうなのである。

それでも、二十年前、十年前、そして現在とくらべれば、翻訳出版の不確定要素はずいぶん少なくなった。映画化に助けられる場合も多かったのであるが、しかし、『マネーチェンジャーズ』やハルバースタムの『ベスト&ブライテスト』は出版社の努力の結果である。翻訳者がすぐれた訳を提供したという手がらも見のがせないし、編集者の炯眼《けいがん》にも脱帽しないわけにいかない。

一生翻訳ができたら、どんなに幸福であろうかと私は考える。同時に、勉強不足もつねに痛感する。もう、つまらないところで、エラーをしたくないのであるが、失敗を怖れると、何もできないという心配がある。

版権取得の面白さとワナ

私が早川書房に入社したてのころ、ミステリーとSFの版権料は百二十五ドルと決まっていた。このアドバンスは初刷五千部、予価百八十円から二百円、印税率五千部まで六パーセント、一万部まで七パーセント、一万一部以上八パーセントという計算から生まれたものと思われる。この百二十五ドルという相場は、タトル商会で宮田昇氏が健在のあいだ、安定していた。その当時、ミステリーとSFの版権を申し込んでいたのは東京創元社と早川書房だけだったし、しかも両社のあいだでほとんど競争がなかったので、英米のエイジェントもことミステリー、SFに関するかぎり、諦めて諒解していたはずだ。

宮田氏は何よりもプライオリティを重んじたので、出版社間の競争を避けたのである。出版社同士が競争すれば、当然、版権料はつりあがり、原著者のエイジェントも喜び、タトル商会にしても十パーセントの取り分がふえる。しかし、その場合、競争によって予想以上の出費を強いられるのは出版社である。エイジェントと出版社の関係を長い目で見るならば、これはけっして好ましいことではない。

版権料が百二十五ドルと安定していた時代

ハヤカワ・ミステリでは、版権料が百二十五ドルという時代がずいぶん長くつづいた。このように安定していれば、ミステリーの版権も取りやすいのである。なにしろ、五千部売れれば、十分に採算がとれるという安心感があった。

もちろん、かならず例外はあるわけで、もう少しアドバンスを上げてくれ、という権利者の要求がないわけではなかった。それでも、百五十ドルで話は大体ついたのである。

その二十五ドルをこちらで上げるのが、じつは大変なことだった。わが早川書房ではたいてい、そのための編集会議がひらかれた。そして、その場合、印税率を引き下げてもらうことで、百五十ドルのアドバンスを支払ったのである。つまり、五千部まで五パーセント、一万部まで六パーセント、一万一部以上七パーセントである。原著者のエイジェントが早川書房のこの要求に応じないときは、泣く泣く印税率は従来どおりで、百五十ドルを支払うことになった。

いまから考えると、これはばかばかしい話かもしれない。なんてミミッチイと言われそうである。しかし、一ドルが三百六十円以上した十五、六年前に、百二十五ドルを百五十ドルにするのは非常に辛かったと思う。むしろ、現在、二千ドルで申し込んだものを権利者の要求で三千ドルにするほうが、はるかに容易なのではないか。ちなみに早川書房における私の初任給は、現在の出版社の初任給平均の十分の一だった。

編集者とエイジェントの会話を聞いていて、正直のところ私は驚くのである。二千ドルで申し込んだミステリーについて、アメリカのエイジェントが安すぎると言っていた、とエイジェントが編集者に言えば、編集者のほうは、では千ドル上げて三千ドルということになどとこともなげに言う。その千ドルは一ドル三百六十円の時代にくらべると、いまや半分の価値しかないとはいえ、ドルの価値がずいぶん下落したと思わないわけにいかない。

かつての二十五ドルのほうが、現在の千ドルより高かったのではないか、と私は考えることがある。二千ドルを三千ドルに上げるより、百二十五ドルを百五十ドルに上げるほうが出版社や編集者にとって辛かったのではないか。

エイジェントと編集者の関係とは

ハヤカワ・ミステリの版権料が百二十五ドルから百五十ドルになったのは、早川書房が海外の出版社やエイジェントと直接取引するようになってからである。宮田昇氏がタトル商会で現場をはなれ、海外評論社が台頭してきて、オプション尊重という方針が崩れてきた。

同時に、翻訳出版が各出版社の注目するところとなってきた。とくに、ミステリー、SF以外の一般書の版権争奪がはじまった。前にも書いたように、私の苦い経験はコーネリアス・ライアンの『ヒトラー最後の戦闘』である。これは海外評論社を通じて、九分どおり早川書房が版権を取得できるものと信じていた。エイジェント側も、大丈夫ですよ、と保証していた。

ところがいつのまにか、それは朝日新聞社に決まっていたのである。早川書房では、すでにハヤカワ・ノンフィクションが軌道にのりかけていて、戦記ものは成績をあげていた。なにしろ、強力な『パリは燃えているか？』がハヤカワ・ノンフィクションにはいっていた。

これに『史上最大の作戦』のライアンを加えれば、ハヤカワ・ノンフィクションの戦記ものはさらに強力になるだろう。ジョン・トーランドはライアンの新作がひかえていたために『最後の100日』の完成を早くしたほどである。アメリカではベストセラーの首位を出版前から約束されていた。

早川書房ではトーランドを出したことで、ライアンにかかる予定でいた。それが不可能となったのは、他社とくらべて早川書房の版権料が安かったからであろう。しかし、エイジェントがひそかに他社とも交渉していたということは、私にとってショックだった。たぶん、権利者の要求があれば、版権料を上げるのにやぶさかではなかったはずである。

こうして、早川書房はそれ以前からすすめてきた海外の出版社、エイジェントとの直接交渉にいっそう力を入れるようになった。早川書房も私もエイジェント不信におちいっていたのである。エイジェントと編集者の関係は執筆者と編集者のそれに似ていると私は思っていた。それは何かといえば、信頼関係であり、おたがいに誠意をつくすことである。（もっとも、私はしばしば締切におくれて、編集者の信頼を裏切る結果になっているが）

海外との直接交渉にあたっては、早川書房のセールス・リポート（売上報告書）と印税に期待してくれることを先方に強調した。アドバンスばかり高くては、採算をとるために刷部数をふやしたり、広告に予算をかけたりで、しなくてもいい無理をしなければならなくなる。もちろん、高いアドバンスがやむをえない本もある。しかし、ミステリーとSFの場合は、従来どおりのアドバンスでも海外の権利者は納得してくれていた。

版権取得のワナとは何か？

このところ、宮田昇氏がいみじくも名づけた「カタカナ出版社」の翻訳出版への進出が話題になっている。某社は三百点もも版権を確保したなどという噂を聞くと、驚くと同時に、翻訳出版のワナを感じるのである。

版権を担当した編集者なら経験があるはずだと思うが、版権を取得するのは楽しいことなのである。本当は売れるかどうかわからない未知の本の翻訳権を取っているのであるが、絶対に売れるものを手に入れているように錯覚する。少なくとも、私などはそのような錯覚を数多く経験した。むろん、売れないけれどもと思いながら、版権を取る編集者はいない。売れると思うから、編集会議にかけて、版権を取得するのである。

お金があれば、そして、編集者に経営者の信用があれば、版権は面白いように取れる。それがワナなのである。私はカタカナ出版社を他人事のように笑うわけにはいかない。最近、版権を取りすぎているのではないか、と早川清氏にお小言をいただいた経験が私には何度かある。

たしかにそのようなことはあったし、とくにSFは東京創元社と競争していたので、ある作家の作品をまとめて取るとか、何点かのSFをまとめて取るということが多かった。SFは私の担当ではなかったが、版権の責任者は私である。しかし、幸いなことに、私には私の逸走を抑える福島正実氏がいたし、早川清氏がいた。

三百点も版権を取るというのは、翻訳して出版するまでに、一か月十点としても三十か月かかることである。二年半もかかるのである。その間に、くさってしまう本もあるだろう。ことに近ごろは鮮度が勝負になってきている。

三百点を二年半で出すとしても、海外の新刊はその間にぞくぞくと出ているので、そのなかで目ぼしい本の版権を取らなければならない。途中でやめるというわけにいかないのである。三百点を出すために、その間、新刊の版権取得を中止するというのは、中途で翻訳出版を放棄するにひとしい。翻訳出版をつづけながら、一方で自社に合った新刊の版権も取っていかなければ、うまくいかないはずだ。

新しく翻訳出版にのりだす出版社は、高いアドバンスを気前よく払うわりには、広告宣伝がお粗末である。そこまで手がまわらないのか、それとも、翻訳ものは、だまっていても売れていくと思っているのだろうか。そのあたりがどうもアンバランスである。私が勤務していたころの早川書房では、広告は三段八つ割りが主だった。会社をやめてから、私が最も熱心に新聞広告を見るのは、新聞の第一面のこの三段八つ割りである。つつましく、そして面白い。しかも、これは信用できるという感じがある。

版権取得には禁欲が必要

翻訳出版の十数年前と現在を比較するのは、しょせん無理かもしれない。昔は、日本はアメリカやイギリスから見れば、ごくごく小さな市場だったが、いまは日本は海外の出版社からみると、魅力ある大きな市場である。しかも、商社も顔負けの競争を演じてくれるから、版権料はウナギ上りであり、おまけに円高である。ミステリーもＳＦもアドバンスが二千ドル、三千ドルというのがざらにある。

三千ドルといえば昔は百万円だったが、いまはその半額でしかない。昔は出版社はよく倒産したが、いまはそういうことはめったにない。

翻訳出版を手がけて、ある程度の実績ができると、エイジェントの売り込みや、海外からの売り込みが盛んになってくる。これは、編集者にとっても出版社にとっても、うれしいことである。ハヤカワ・ノヴェルズが成功し、ハヤカワ・ノンフィクションがうまくいったとき、リーディング・コピーが大量に早川書房に送られてくるようになった。

そのような場合、版権を取るよりも、いかにして版権を取らないかが大切になってくる。つまり、断わるほうが重要になってくる。このおり方のうまさを私は身につけたかったのであるが、早川書房ではそれができなかった。

名前はあげないけれども、おりるのがうまい編集者が一人いる。その編集者がおりた場合、当然、他社がのりだしてきて、高い版権料で取るのである。その結果は、おりた編集者の手ぎわのよさだけが目立ってくる。すなわち、他社はババをつかんだことになる。

他社が版権を取得して、それがベストセラーになったら困るということで、私は版権を取ることがあった。そのために、版権を取りすぎた時期もあったが、このような虚栄心は不必要である。自分に運がなかったと諦めるしかない。そのように悟りをひらくまでに時間がかかった。

翻訳出版の編集者には、幸運が必要である。良書だけが売れるのではない。悪書も売れるのが出版の世界である。理づめの世界ではないから、編集者にとっては、翻訳出版では未知の要素が多いので、運が必要になってくる。

おそらく、未知の作家の作品を翻訳出版するとき、編集者は幸運にめぐまれることを願うだろう。幸運がすべてではないけれども、それが大きく物を言うことは確かである。最近読んだ

『編集者とは何か』（シカゴ大学出版部[*1]）でも、サックス・カミンズは編集者の一つの条件として、幸運をあげていた。この本は、ランダム・ハウス社の編集者だったカミンズの手紙やメモを六人が編んだ「編集者の生涯」である。カミンズによれば、編集者は誰でもなれるわけではなく、生まれついたものである。

金がそんなに物を言わなかった時代

翻訳出版で幸運にめぐまれた編集者といえば、角川春樹氏をあげなければなるまい。『ラブ・ストーリィ』、『ジャッカルの日』の二冊は、角川書店の翻訳出版をすっかり安定させてしまった。ただ、たんに角川氏は幸運だったと決めてしまっては、失礼にあたるだろう。氏が成功したのは、新しいものをはじめようという気概があったからであり、翻訳出版にきわめて謙虚であったからである。

角川書店では過去にも翻訳出版を試みた時期があった。しかし、そのときは、知られた名前を並べるだけにとどまったのである。冒険がなかった。

翻訳出版には同時に辛抱が要る。それは幸運と同じほど必要である。辛抱が足りないために、たいてい途中でやめていく。早川書房はそれで助けられたことがずいぶんあった。

ハヤカワ・ノヴェルズが順調に出るようになると、アメリカのベストセラーを手がける出版社が二、三社出てきたけれども、たいていながつづきしなかった。これは、翻訳出版が思ったほど儲からないことを知ったからだろう。

早川書房が翻訳出版でリードできたのは、ほかに出版社として生きる道がないと早川氏も社員も覚悟を決めていたからにほかならない。翻訳ものが売れるから、ハヤカワ・ミステリをはじめたわけでもなく、ハヤカワ・ノヴェルズを企画したのでもなかった。新しいものを切りひらこうという気持があったのである。そうでなければ、出版は楽しくない。

したがって、私は成功した本よりも、失敗した本のほうに愛着がある。それは早川清氏も同じであったにちがいない。あれは残念だった、と早川氏が失敗作について本当に残念そうに言われたことがよくある。これは私に対する皮肉ではなかった。早川さんも新しいものが意外に好きだったのである。その点でも、私はめぐまれていた。

しかも、私には、福島正実という目のきく上司がいた。編集会議で福島さんを説得できれば、おおむね企画は通った。福島さんが承知したものには、早川さんはほとんど反対しなかった。

翻訳出版は昔のほうが楽しかったと思わないわけにいかない。お金がそんなに物を言わなかった。出版はもともとつつましい事業であると思うが、これは私の時代遅れの考えかもしれない。そうではあるけれども、やはりつつましいのが出版ではないかと頑固に私は信じている。

＊1　邦訳『編集者とは何か――サックス・カミンズの業績と生涯』は、一九八一年、未来社刊（加藤恭子訳）。

ビジネスより冒険が必要

早川書房を辞めて、まもなく九年になる。わずか十年の出版社勤務（そのうちの三、四年は編集者として役立たずだった）について、どうして書く気になったのか、その軽率、無謀、図々しさにわれながらあきれている。

しかし、一つには、私にとっても、早川書房にとっても、翻訳出版が冒険であったことを書いてみたかったのである。一冊一冊が未知との遭遇であったことの興奮とよろこびを、いまのうちに書いておきたかった。そこが、私の向こう見ずで、生意気なところかもしれない。

軽くみられていたペイパーバック・オリジナル

早川書房の十年間を通じて、私の上司は福島正実さんだった。そもそも、私は福島さんに誘われて、早川書房に入社したのだった。給料は少ないけれども、将来性のある出版社だし、食えなかったら、原稿を書けばいいじゃないか、という意味のことを福島さんは言った。

早川書房も、編集者が原稿を書くのを黙認していた。私の入社当時は、「エラリー・クイーンズ・ミステリ・マガジン」の編集長で、ハヤカワ・ミステリの作品を選んでいた都筑道夫氏も福島さんもさかんに原稿を書いていた。そういうアルバイトはほとんどしなかったのは、生島治郎氏だけだったのではないか。[*1] 私も帰宅すると、翻訳の仕事をしていた。

都筑さんも福島さんも原稿を書くことによって、勉強していたのだと思う。アメリカの探偵小説についての情報は都筑さんがいちばんよく知っていたし、SFは福島さんが第一人者だった。

いまでこそ、エド・マクベインの87分署シリーズは早川書房を辞める都筑さんのいわば置土産だった。

あるが、都筑さんの企画で早川書房が版権をまとめて取得するとき、問題が一つあったのである。これまた、いまから考えてみれば他愛のないことであるけれども、87分署シリーズがペイパーバック・オリジナルであることだった。

マクベインが未知の作家である点はべつに心配することもなかった。そんなことを言っていたら、ハヤカワ・ミステリが成りたたない。ただ、それまでのハヤカワ・ミステリの作品選択はハードカバーが中心だったはずである。

ペイパーバック・オリジナル（書下ろし）はまだ軽くみられていた。低く評価されても、やむをえなかった。

私の記憶にあるのは、ゴールド・メダル・ブックスとかエース・ブックの探偵小説であるが、表紙を見れば、ハヤカワ・ミステリに加えるのはためらわれた。87分署シリーズは、ペイパーバック・オリジナルのなかでもちょっとちがっていたのである。

ペイパーバック出版社が書下ろしに注目しはじめた時期でもあった。87分署シリーズはポケット・ブックスである。ポケット・ブックスといえば、ペイパーバック出版の草分けであるから、へたなものは出せなかったはずである。

87分署シリーズは内容の面白さで編集会議の席上、ハヤカワ・ミステリに入れることが決定した。マクベインのエイジェントはスコット・メレディスだったので、一点百二十五ドルで話がついた。このシリーズはそのときすでに五点か六点出ていたのではないだろうか。したがって、版権料をまとめて支払うとなると大変なことになるので、タトル商会に勤務していた宮田昇氏が分割払いにするよう、スコット・メレディスに交渉してくださった。

一九六六、七年ごろまでは、一人の作家の小説の版権をまとめて取るときは、分割払いというのが常識だったと思う。そうでなければ、早川書房も海外の探偵小説のめぼしいものをおさえることができなかっただろう。

幸運というものは編集者の財産である

早川書房では、企画は編集者がたてるべきものだった。早川清氏は編集会議でいつも、何か新しい企画はないかと言われていた。企画を持たない編集部員を軽蔑した。

編集者がアルバイトに原稿を書くのは好ましくない、と私は思っている。自分でそういうことをしていたので、そのマイナスの面がよくわかる。

しかし、奇妙なことであるが、早川書房の編集会議で通る企画は、原稿を書かなければ出せなかったのである。内職で得た都筑さんや福島さんの原稿料は、たぶん本代ですべて消えていったはずである。私の場合もそうだった。

日本で最も早く「プレイボーイ」を読んでいたのは、私の知るかぎり、清水俊二氏と都筑さんである。「あれは面白い雑誌だよ」と言われた清水氏の言葉がいまも耳に残っている。

企画をたてるには、やはり自腹を切らなければいけない。エイジェントから送られてくるリーディング・コピーだけですめば、それで結構であるけれども、それでは安易だという気がした。なんでも自腹を切らなければ、うまくいかないと私は思っているが、そこでいつも感心させられるのは、SFの翻訳者の諸氏である。たとえば、銀座のイエナ書店で顔を合わせるのは、伊藤典夫氏や浅倉久志氏である。

福島正実さんもハヤカワSFの作品を選ぶにあたっては自分の蔵書をずいぶん利用したにちがいない。しかも、福島さんは翻訳者やエイジェントから情報を得るのに謙虚な人だった。

彼は、早川書房では出そうと思えば、どんな本でも出せる立場にあった。編集部の責任者であるから、それは当然であるけれども、企画をたてるときはじつに慎重だった。

おそらく、彼の内部では、出版における「商売」と「冒険」のバランスがとれていたのだろう。SFは福島さんにとって、「冒険」であったが、同時にかならず儲かる「商売」であったと思う。

しかし、ハヤカワSFも「SFマガジン」もはじめは売れなかった。その間の事情は、福島さんが早川書房時代を回想した『未踏の時代』(早川書房)にくわしい。一号で私がつぶした「ホリデイ」の創刊をすすめているころ、福島さんから、喫茶店で、「SFマガジン」をやめようと思うと言われたことがある。それは創刊して一、二年のころだろうか。

皮肉なことに、福島さんがそう言った翌月から、「SFマガジン」が売れはじめたのである。同時にハヤカワSFも売れるようになった。このシリーズの最初の百点はほとんど広告していない。ハヤカワSFの新聞広告はめったに出なかった。

ハヤカワSFはママ子扱いされていたのであるが、福島さんはそのことで不満をもらしたことはなかった。SFのシリーズを出せるだけでも満足だったのだろうか。「SFマガジン」が売れだし、ハヤカワSFシリーズもようやく軌道に乗ったとき、これは福島さんの粘り勝ちだと思ったものである。ハヤカワSFの最初の百点が全部増刷になったときは、正直のところ驚いた。

SFが注目されるようになったのは、一九六〇年代に宇宙への関心がいちだんと高まったことも一つの原因になっている。その意味で福島さんは幸運だったけれども、しかし、幸運も編集者の財産である。幸運というものがなければ、とても編集者はつとまらないし、翻訳出版もつづかないだろう。

というのも、翻訳出版の場合は、未知を相手にするからにほかならない。もちろん、いまは十年前、二十年前と事情が変ってしまった。翻訳出版でも未知の要素が少なくなりつつある。

商品になる翻訳術を教えられる

福島さんは翻訳者を育てるのがうまい編集者だった。私も彼に育ててもらった一人である。福島さんに会うことがなかったら、私が翻訳者になるのはもっとおくれていたかもしれない。あるいは、翻訳者になれなかったかもしれない。現在、大衆ものの翻訳で第一線で活躍している四十代以上の翻訳者は、たいてい福島さんが発掘された人たちである。

もともと、早川書房は新人翻訳者に寛大なところだった。福島さんに私を紹介してくれたのは中田耕治氏である。中田さんはその前に、田村隆一氏にも会わせてくださった。私を翻訳者として推薦したのであるが、田村氏からいっこうに連絡がなかったため、私を福島さんにたのまれたのだろう。

中村康治氏も福島さんにその特異な才能を見出された人である。「ＳＦマガジン」の臨時増刊号を福島さんが企画しているとき、中村さんが自分を売りこんできた。中村康治というのはペンネームであって、本名でも目下活躍している翻訳者である。「ＳＦマガジン」の夏の臨時増刊号はＳＦエロティックス特集だった。[*2] 中村さんはまさにそのような一篇を見つけてきて、福島さんにすすめたのだった。中村さんはまだ二十代の青年だったが、福島さんが彼の翻訳に感心したのをおぼえている。

中村さんは、いまはエロティックな小説のうまい翻訳者であるという定評がある。この才能をいちばん早く見抜いたのは福島さんであったと思う。

小尾芙佐さん、深町眞理子さんの二人も福島さんに見出された翻訳者である。深町さんはたしかタトル商会に勤務されていて、翻訳者たろうとしていた。そして、宮田さんの紹介で、福島さんの指導をうけるようになったのである。

福島さんは翻訳のコツを教えるのがうまかった。商品になる翻訳の術を私は教えてもらった。はじめて活字になった私の翻訳は、福島さんが原稿が真赤になるほど手を入れている。それで、私のもやもやしたものがふっきれたらしい。

じつは、私が編集した『ニューヨーカー短篇集』（三冊）も、福島さんの一言で、刊行が早められた。「ニューヨーカー」の短篇集を出すことは念願だったし、ハヤカワ・ノヴェルズとハヤカワ・ノンフィクションの成功で、私の企画も比較的通りやすくなっていたので、早川氏も福島さんも早くから『ニューヨーカー短篇集』の企画を認めていた。「ニューヨーカー」の資料は私が持っていた。「ニューヨーカー」は三冊のアンソロジーが出ていて、いずれも古本屋で手に入れていた。しかし、どのようなかたちで出すかは、私自身まだ決めていなかったし、自信もなかった。「ニューヨーカー」の三冊目のアンソロジーは新しいものだし、版権もあるし、かなりハイブラウな作品がそろっていたので、最初の二冊で短篇集を編むことにして、早川書房と親しい人たちに翻訳を依頼した。

短篇であるから、原稿はすぐに集まってきたけれども、私のほうがぐずぐずしていた。その間に、青木日出夫氏が「ニューヨーカー」に載ったハロルド・ブロドキーの中篇小説をすすめてきた。翻訳のスタッフに青木さんのような人がいるのは有難いことだ。彼の示唆によって、企画が豊かになってくる。

たいていの翻訳者は出版社からあてがわれた本を読んで訳すだけである。それが悪いといっているのではない。そうでなければ、翻訳が早く仕上がらないということもある。ただ、青木さんの場合は、たいてい自分で本を見つけてきて、訳すのではないだろうか。私も青木さんと同じタイプにはいる。

自由に勉強ができ、それを編集に生かせた

『ニューヨーカー短篇集』の翻訳原稿が集まってから、一年近くたったころ、ある日の編集会議で、福島さんがとつぜん言われた。

「『ニューヨーカー』の短篇集を早く出したらどうか。時期的にも、いまがいいのではないか」

なんでもない言葉である。ほかの本のことであれば、私は気にもとめなかったことだろう。そして、ほかの本だったら、原稿ができている以上、早く出していたにちがいない。たぶん、私は「ニューヨーカー」についてコギシュンジュンしていたのだろう。はたしてこういうものが売れるだろうかという心配があった。

福島さんは私の肩をたたいて励ましてくれたのである。私は彼の言葉をそのようにうけとった。そういえば、ハヤカワ・ノヴェルズにしても、福島さんの強力な支持がなかったら、実現していただろうか。『寒い国から帰ってきたスパイ』が出た年の暮、私は早川社長から特別ボーナスをいただいた。よくがんばってくれたので、と早川さんはてれくさそうに言われた。

このような例は、あとにもさきにも私一人だったにちがいないと思っている。これも福島さんのはからいであることがあとでわかった。困った奴だと思いながら、福島さんは私を可愛がってくれた。早川さんにしても同じだったと思う。当時の早川書房は私のようなわがままな男

でも編集者として仕事ができる、のびのびした雰囲気があった。

なるほど給料は水準よりはるかに低かった。しかし、自由があった。自由に勉強できて、それを編集に生かすことができた。これは何ものにもかえがたい貴重なものだったのではないか。「ニューヨーカー」という雑誌について知る人は、あのころは少なかった。かりに私がこれを他社に売りこんだとしても、あっさり断わられていただろう。

『ニューヨーカー短篇集』は早川書房だから刊行できたのである。この短篇集は現在も版を重ねている。本が出たときは、書評もきわめて好意的だった。しかし、それはあくまでも結果であって、『ニューヨーカー短篇集』も出してみなければわからない本だったのである。

つい最近、スクリブナーズ社の名編集者、マックスウェル・パーキンズの伝記を読んだ。[*3] 一番印象に残ったのは、パーキンズにとって、またスクリブナーズ社にとって、編集と出版がビジネスであるよりも冒険だったということである。もちろん、早川書房をスクリブナーズ社と比較するのは見当ちがいもはなはだしいが、早川書房の編集者たちは、都筑さんも福島さんも「冒険」していたことは確かである。私もその末席につらなることができたのは幸運だった。

＊1　実際にはしきりに内職をしていたと、生島治郎が『浪漫疾風録』（講談社）に記している。
＊2　「ＳＦマガジン」一九六三年八月臨時増刊、特集「ＳＦセクソロジー」を指す。
＊3　Ａ・スコット・バーグ『名編集者パーキンズ』。邦訳は一九八七年に草思社より刊行（鈴木主税訳）。

書評誌・紙を読む仕事

「パブリッシャーズ・ウィークリー」誌の春と秋のぶあついアナウンスメント（新刊予告）を読むのは、目に悪いけれども、楽しい仕事だった。いまでも、楽しいし、一翻訳者にすぎない現在は、自分の好みで本を選んで注文することができる。

このアナウンスメントの各社の広告も楽しいが、「ＰＷ」の選んだ目ぼしい新刊の案内が、本を選ぶ判断の材料になる。たとえば、ベストセラーになりそうな小説には、広告予算がイタリックで書き加えられている。二万ドルとか二万五千ドルとか三万五千ドルとかで、二万五千ドルが圧倒的に多い。

かつては、その広告予算が私にとっては夢の数字だった。二万五千ドルの三百六十倍は途方もない額である。そのころ、ハヤカワ・ノヴェルズ一冊の平均定価は三百円だった。かりに一万印刷したとして、その十パーセントを広告にあてたとしても、三十万円ではないか。

いまは、二万五千ドルの広告費を「ＰＷ」のアナウンスメントで見ても、べつに驚かない。日本の出版社だって、一冊の本の広告にいまや二万五千ドルでも三万ドルでもかけることができる。「アド・バジェット（広告費）二万五千ドル」はかつて私にとって強烈な惹句《じゃっく》だったけれども、いまはなるほどと思う程度である。

タリーズとワールド・パブリッシング

「パブリッシャーズ・ウィークリー」誌を熱心に読んでいたころ、新興の出版社であるが、二社の活動に注意を払っていた。一つはライル・スチュアート社である。非常に積極的な宣伝で本を売りまくり、それが話題になって、たしか「ライフ」誌でも大きくとりあげられたと記憶する。社員を連れてラスベガスに遊びに出かけるといったことだった。

こういう習慣はアメリカの出版界にあったのだろうか。リテラリー・エイジェントのスコット・メレディスも年に一度はラスベガス旅行を楽しむと、「タイム」、「ニューズウィーク」両誌のどちらかに出ていた。

もう一社はワールド・パブリッシング社である。私がこの出版社を忘れないのは、ゲイ・タリーズの出版社であったからだ。また、「ＰＷ」アナウンスメントの各社の広告のいちばん最後のほうに、ワールド・パブリッシング社が登場していたからである。

タリーズの最初の出版社は老舗のハーパー・アンド・ロウ社だった。ハーパー社では、『偶然的発掘の旅』と『盛りを過ぎた人たち』の二冊を出したが、ほとんど話題にならなかった。私はたまたまタリーズの第二作を所持している。

タリーズがハーパー社からワールド・パブリッシング社に移ったのは、二冊とも売れなかったからだろう。版元も著者もおたがい不満があったと思われる。ワールド社に移ったタリーズは『王国と権力』を書き、それがベストセラーになり、つぎの『汝の父を敬え』もノンフィクションのベストセラー首位をしばらくつづけた。その結果、ハーパー社で出た二冊が一冊にまとめられて、『名声と無名』[*1]になったのである。

しかし、タリーズは売りだしたが、版元のほうがおかしくなって、ダブルデイ社に移ることになった。タリーズはダブルデイ社で二冊書くという契約を結んで、百二十万ドルの前払金を受けとっている。ジャーナリストとしては、これは最高の印税前払金だろう。

本を買うのは感覚を養うため

春秋のアナウンスメントを見ていると、出版界の変遷がなんとなくわかってくる。広告でこの出版社は景気がよさそうだとか悪そうだということが感ぜられる。小さな広告しか出さなかった出版社がアナウンスメントにいきなり大きなやつを出して、こちらの度胆を抜いたこともあある。

早川書房に私が入社したとき、暇な時間に読んだのは「パブリッシャーズ・ウィークリー」誌のバックナンバーである。この雑誌を知ったときの衝撃ははかりしれないほど大きかった。それまで、アメリカの新刊を知る手引といえば、私にとっては、「ニューヨーク・タイムズ」書評誌と「タイム」、「ニューズウィーク」の両誌と、ほかに「エスクァイア」とか「アトランティック」、「ハーパーズ」といった月刊誌の書評欄だった。

アメリカの雑誌をほとんど毎号すみからすみまで読んだのは、あとにもさきにもこの「PW」一誌だけである。ニューヨーカー誌でも、かつての「PW」ほど貪欲に読まなかった。出版界についての情報は「PW」で知ることができたし、新刊の情報については、書評にばかり頼る必要もなくなったので、大げさな言い方をするように思われるかもしれないが、私にとっては、新しい世界がひらけたという思いがあった。

新しいアメリカ文学も新しいアメリカン・ジャーナリズムも、この「PW」にあるという感激があったのである。「PW」によって、誰よりも先に本を知ることができるという歓びがあった。

「ニューヨーク・タイムズ」紙の金曜日の版は出版界の消息をハーバート・ミットギャングという記者が伝えていたが、情報のはやさという点では、「パブリッシャーズ・ウィークリー」誌にかなわないように思う。「PW」は網羅的であって、出版界の「事件」については何一つ見逃していない。

この「ＰＷ」一冊で、エイジェントを通じ、あるいは直接に、欲しい新刊の版権を取ることができたのは、翻訳出版社の編集者にとっては、非常に恵まれたことであったと思う。フランクフルトやロンドンやニューヨークはまだ遠かったし、来日する出版人も少なかったし、海外の出版社から直接、情報がはいってくることもあまりなかったので、不便ながらも、のんびり仕事ができた。

しかも、「ＰＷ」を読むことが自分の勉強にもなったのは、なんといっても有難かった。早川書房にはいまでも一九五〇年代後半からの「ＰＷ」が保存してあるはずである。邪魔なものかもしれないが、貴重な資料でもある。十数年前、渋谷の宮益坂の古本屋で一九五二、三年ごろの「ＰＷ」をまとめて買った。「ＰＷ」を古書店で見かけたのは、このとき一回きりだ。「ＰＷ」の古いものを手にいれたところで、なんの役に立つものでもない。そういう本や雑誌が私のところに無数にある。しかし、書店を歩き、本を買うのは、出版についての感覚を養うためだ、と私は長いこと信じてきた。銀座のイエナ書店や帝国ホテルの売店などで、「タイムズ」紙や「ヴィレッジ・ヴォイス」紙などを見かければ、高いと思いながら、つい買ってしまうのは、そういう感覚を少しでも身につけたいと思っているからである。そうした新聞で私が読むところは、書評のページだけなのであるが。

企画は慎重かつ大胆に

書評での本の扱い方によって、アメリカと日本のちがいがよくわかる。アメリカでは皮肉たっぷりな批評をもらったベストセラー小説が、邦訳されると、アメリカを知るのに便利で、しかも経営の勉強になるというような扱われ方をする。

しかし、どのような扱い方をされてもいいから、本のほうが売れてもらいたいというのが早川書房時代の私の気持だった。本国での書評がどんなに好意的であり、どんなに本が売れていても、十年前まではそれが日本で通用しなかった。その意味では、現在のほうが翻訳出版ははるかに楽であろう。

だが、そのかわり、たくさん売らなければならなくなった。版権料が高騰したので、一冊一冊に編集者は負担を感じるようになったにちがいない。

私が早川書房在社中に版権を取得したなかで、最も高かったのは三千ドルだった。その本は私が早川書房を辞めてから出ているが、いまでもそんな高い版権料を支払ったことを後悔している。いまにしてわかるのであるが、それほどの本ではなかった。その本の版元がライル・スチュアート社だったのである。ここは、きわものを出す出版社として、私の記憶に残った。

私はここの商法にうまくひっかけられたのだろう。経営書に属する本だった。一九六〇年代の翻訳出版界は、小説よりも経営書全盛の時代であったと思う。『GMとともに』、『断絶の時代』……。私も早川書房でハヤカワ・ノヴェルズの付録としてビジネス小説を五、六冊試みている。いずれも芳しくない成績だった。[*2]

いまなら、このような企画は、内容さえよければ、成功していたかもしれない。しかしこのビジネス・ノヴェルズの試みが時期尚早だったというつもりはない。むしろ、社の企画そのものが、時流に乗った安易なものだったというべきだろう。

企画をたてるのは、私も好きだった。たいていは机上の企画に終ってしまったのであるが、そうしているときがいちばん楽しかった。ハヤカワ・ミステリのほかに、ハヤカワ・ノヴェルズとかハヤカワ・ノンフィクションがあったのだから、早川書房に合った本は、この三つのシリーズのうちのいずれかに押しこむことができたので、あまり企画をたてる必要もじつはなかった。

企画は慎重であって、かつ大胆であるべきだが、ハヤカワ・ノヴェルズとノンフィクション以外では、そのどちらにも欠けていたように思う。ビジネス・ノヴェルズの場合がそれにあてはまる。「現代ジャーナリズム選書」は大胆すぎた。それはそれでよかったのであるが。

しかし、大胆といえば、早川書房がそうであったと思う。早川清氏は早くから文庫の発刊を考えておられたし、とにかく新しい未知のものに食指を動かされた。ハイカラなものが好きなのではないかという気がしている。

神話化されていた「ニューヨーカー」

翻訳出版については、大体書きたかったことを書いてしまった。自分では言いたいことがずいぶんあったはずだと思っていたのに、本当は意外に少なかったことに、われながら驚いている。結局、恥を書くばかりになってしまった。

編集者だった人間が編集について書くとなれば、たいていすぐれた著者が登場してくるものだ。ところが、翻訳では、著者に会うことはめったにない。近ごろはそうでもないが。相手は翻訳者である。訳者を著者の代理人にしたてるわけにいかない。そして、翻訳者は、私自身について反省すると、どうも魅力に乏しいのではないかという気がする。それだから、誤訳や悪訳だけを問題にされるのではあるまいか。

早川書房に勤めていたころは、それでも、何人かの著者に会うことができた。早川氏は著者が訪れてくるたびに歓待している。ロアルド・ダール、ジョン・ポール、メアリー・マッカーシー、レン・デイトンと、いま考えれば、すごい顔ぶれである。

アラン・ムーアヘッドにも会った。ムーアヘッドは『白ナイル』の著者である。『白ナイル』を読まなかったら、私はたぶんノンフィクションの面白さを理解しなかっただろう。そうだとすれば、ハヤカワ・ノンフィクションの企画にも意欲を燃やさなかったにちがいない。この『白ナイル』ははじめ「ニューヨーカー」に連載され、本のほうはベストセラーになった。

そのことを早川書房に知らせてくれた人がいる。私が入社して二年目か三年目のころである。彼は社の同僚に話し、同僚は編集会議にこの『白ナイル』を出したのであるが、三万ドルというアドバンスでおりてしまった。

あのころの「ニューヨーカー」には、一つの神話ができていた。「ニューヨーカー」に連載されたものはかならずベストセラーになるというのである。

たしかにそのとおりであって、カースンの『沈黙の春』も、カポーティの『冷血』も出版に先立って、「ニューヨーカー」に連載された。たが、私は『白ナイル』を翻訳ではじめて読んで感激したのだった。たぶん、そのころから私は「ニューヨーカー」を購読していた。『白ナイル』を「ニューヨーカー」で読まなかったのは、ノンフィクションに対する偏見があったからだろう。それとも、あまりに長いので敬遠したのか。

翻訳ものの編集をしていて、つねに感じるのは一冊一冊がバクチであり勝負であるということだが（たとえ、賭金は少なくても）、私は本にも著者にも訳者にも、運があると信じていた。もしその同僚が『白ナイル』の版権を思い切って取っていたら、よかったのではないかと考えることがある。彼はその一冊でツキを逃してしまったのではないか。そのツキがもどってくることもあるし、もどってこないこともある。

では、私の場合はどうであるかといえば、あのジョン・ル・カレの『寒い国から帰ってきたスパイ』を見逃していたら、早川書房で最後に『ニューヨーカー短篇集』を出すこともなかっただろうと思う。ル・カレの一冊が私を救ってくれたし、編集の楽しさ、本が売れる楽しさを教えてくれた。私が早川書房の編集部員としての自覚をなんとか持てるようになったのも、『寒い国から帰ってきたスパイ』のおかげである。翻訳出版の編集にわずかながら、自信もわいてきた。

それは、遠まわりをした結果であろう。いろんな無駄をして、ジョン・ル・カレにたどりついたということかもしれない。その意味で私は幸運でもあった。

遠まわりをしたというのは、不必要とも思われる本や雑誌を買っていたことである。早川書房の編集室から抜けだして、神田の古本屋を歩いたことである。

つぎつぎに出ては消えてゆく新しい本を見ていると、古本屋をのぞくのは、消えていかずにいつまでも残るものを見ているようで、精神衛生によかった。古書店も私にとっては勉強の場だった。

＊1　邦訳は、『名もなき人々の街』『ザ・ブリッジ』『有名と無名』の三冊に分けて、一九九四年から九五年に青木書店より刊行された（沢田博、加藤洋子訳）。

＊2　一九六九年に新シリーズ、ハヤカワ・ビジネス・ノヴェルズの刊行を始めたが、四冊のみで終了した。

角川春樹氏と翻訳出版

角川春樹氏は、永井淳氏から紹介された。私がまだ早川書房に勤務していたころで、早川清氏とアメリカへ行く前のことだったから、一九六五年ごろである。永井さんは角川書店の編集者だったが、翻訳者に転じられた。角川書店のあと、たしか世界文化社に勤めたはずであるが、私と同じく編集者と翻訳者という二足のワラジをはいていたのである。

喫茶店で原稿を書いていた人々

私は非才であったから、翻訳者として登録されるまでに長いことかかった。若くして順調に翻訳家になった人は私の知るかぎり、あまり多くないのであるが、そのような人を三人知っている。一人は小笠原豊樹氏である。小笠原さんは語学の天才であると早くから聞いていた。

ハヤカワ・ミステリの翻訳者のなかでは、小笠原さんは若きエースだった。達筆で、氏の原稿を読むのが楽しみだったのをなつかしく思い出す。ハヤカワ・ノヴェルズをはじめるにあたって、ジョン・ル・カレを宇野利泰氏に、メアリー・マッカーシーを小笠原豊樹氏にお願いできたのは、結果を考えれば、非常に幸運であったと思う。

しかも、マッカーシーの『グループ』は、ル・カレよりだいぶ遅れて版権を取得したので、翻訳に時間的な余裕がなかった。『寒い国から帰ってきたスパイ』と『グループ』は同時発売の予定だったのである。小笠原さんはこちらの無理をきいてくださった。

ハヤカワ・ノヴェルズがスタートしたのは東京オリンピックの年であるから、一九六四年である。その夏のあいだ、小笠原さんは『グループ』の翻訳に取り組んでいた。あのころは、冷房のある家に住んでいた翻訳者はほとんどいなかったはずである。

八月のある暑い日、私は仕事で銀座に出たとき、一休みしようと、数寄屋橋にあったブリッジという喫茶店に寄った。いまもあるけれど、昔のブリッジは、時間で料金をとる喫茶店だった。番茶が出るだけで、コーヒーや紅茶は料金が別になっている。そのかわり、ここでは仕事ができた。原稿を書いている人をよく見かけたものである。

その日、この喫茶店の片隅で小笠原氏が研究社の大英和辞典をかたわらにおいて、『グループ』を訳されていた。氏はゼブラのボールペンを使っていたように記憶する。なにしろ、私とちがって、小笠原さんはじつに字がきれいだから、弘法筆を選ばずだった。氏は私を見ると、にっこり笑って、また仕事をつづけられた。

早川書房でお願いしている翻訳者は喫茶店で仕事をするかたが多かった。私の上司だった福島正実氏も喫茶店の愛用者だった。ほかに川村哲郎氏、稲葉明雄氏がいた。

すんなり翻訳家になった人としては、小笠原豊樹氏のほかに伊藤典夫氏がいる。伊藤さんは早稲田の学生のころから、もう「ＳＦマガジン」に翻訳していた。肩をふってせかせかと早川書房の編集室にはいってきた姿をいまでも私はおぼえている。とっつきにくい人だと思ったが、じつは恥かしがり屋だったのだ。

僕に突きあたっていったんだが、挨拶もしないで行ってしまった、と早川さんが福島さんに苦笑されたことがある。伊藤さんは人に会うのが恥かしくてたまらなかったのかもしれない。

福島さんは、伊藤さんの翻訳を、若いけれどうまい、といつもほめていた。私もＳＦの翻訳では伊藤さんと浅倉久志氏のが好きである。お二人の翻訳は神経が行き届いていて、うまいなあといつも思う。そして、もう一人、早川書房で同僚だった南山宏氏の翻訳にも感心させられてきた。

さて、小笠原、伊藤両氏と同じく、私が羨望を禁じえなかったのは、永井淳氏である。永井さんは早くてうまい翻訳者の典型であり、私とちがって約束を守る人である。『マネーチェンジャーズ』がベストセラーになったのは、翻訳者の力もあったかと思う。氏の翻訳なら百パーセント信用できるのである。

永井さんは翻訳者として私を角川春樹さんに紹介したのだった。ノンフィクション、とくにジョン・ケネディの伝記を角川文庫に入れたいので、協力をたのむということであったと思う。初対面の角川さんはほっそりした背の高い好青年だった。

『ケネディ』の翻訳、角川春樹氏の激励

角川文庫で新しい翻訳ものをはじめるというのは、いま考えれば、いかにも角川さんらしい着想である。それも、ケネディの伝記というのは、新しい試みだった。ケネディのものが盛んに翻訳され、しかもよく売れていた時代である。イヴリン・リンカーンの回想録（『ケネディとともに12年』恒文社）、セオドア・ソレンセン『ケネディの道』（弘文堂）、それにシュレジンジャーの『ケネディ』（河出書房新社）。

ほかにピエール・サリンジャーも出ていた（『ケネディと共に』鹿島出版会）。いずれもハードカバーであったから、文庫ならベストセラー間違いなしだろう、と角川氏はみたのである。しかし、ケネディ関係の本はあらかた翻訳しつくされていて、ケネディ伝を角川文庫に入れるのは不可能に思われた。

ところが、秋になってポール・フェイ・ジュニアというケネディ政権の海軍次官だった人のケネディ伝がハーパー・アンド・ロウ社から出ることになって、この版権交渉を角川さんは当

時タトル商会にいた宮田昇氏に依頼された。

あとで、宮田さんは角川さんに会ったときのことを苦笑まじりで語ってくれた。タトル商会は神田神保町の現在の洋書部の二階にあり、そこがあまりに狭かったので、宮田さんは近くのラドリオという喫茶店で角川さんの話を聞いた。

角川さんの声が大きかった、と宮田さんは言った。版権交渉というのはお金がからんでいるので、秘密を要することであるが、これじゃ店内に聞こえてしまう。私は、声の大きな人に悪人はいないと思った。

幸いにも、フェイのケネディは版権がとれて、私が翻訳することになったが、翻訳しているあいだ、角川氏はなんども激励に来られた。かならず売ってみせますという氏の言葉がいまも耳に残っている。

フェイのケネディ伝は、シュレジンジャーやソレンセンのものにくらべると、はるかに軽い伝記だった。それが角川文庫にはよかったのかもしれない。角川文庫の『ケネディ』[*1]は大成功だった。このケネディ伝と前後して、角川氏はロバート・ペインの毛沢東伝も文庫に入れた。訳者は中国語もできる宇野輝雄氏である。

しかし、当時の角川氏は、翻訳ものについては小手調べというところだった。本格的に翻訳ものに進出したのは、一九六九年以降である。前にもちょっと書いたことがあるが、角川書店が翻訳ものをはじめることになって、翻訳出版の世界がやや騒然となってきたのである。版権の取得にあたっては、角川氏は果敢だった。『ラブ・ストーリィ』は角川書店の海外ベストセラーズの最初の成功作であるが、まだ評判にならないうちに、版権を取得してしまった。私はそのころすでに早川書房をやめていた。もしまだ編集者だったら、私は『ラブ・ストーリィ』に注目しただろうか。「パブリッシャーズ・ウィークリー」の予告では、エリック・シーガルのこの小説は小さな扱いだった。ただし、映画（『ある愛の詩』）になるとは報じていたが。

たまたま角川氏に会ったとき、私が『ラブ・ストーリィ』について尋ねたところ、すでに翻訳中であると氏は言われた。これは角川氏のお手柄であるが、翻訳出版にほとんどズブのしろうとといってよかった氏は、『ラブ・ストーリィ』が成功するまでに、ある程度の犠牲を強いられたにちがいない。版権を取得した作品がすべて売れるとはかぎらないのである。

そのあとに、マイ・シュヴァールとペール・ヴァールーのマルティン・ベック・シリーズがつづく。『笑う警官』は角川文庫の一冊である。これで、高見浩というすぐれた翻訳者が登場した。

その翌年（一九七三年）はフォーサイスの『ジャッカルの日』である。私は篠原慎氏の翻訳に感心した。原作は新聞記者の文章であるが、翻訳は格調がある。これは私の偏見であるが、フォーサイスはこの『ジャッカルの日』一作の作家であると思う。あとは処女長篇にはるかに劣る。角川さんはその劣る作品をもベストセラーにしてしまった。

角川氏の試行錯誤がいま生きている

マルティン・ベック・シリーズもフォーサイスも、じつは早川書房が抑えていなければならない種類の小説である。フォーサイスについては、他社が敬遠したので、角川書店にリーディング・コピーがまわってきたという。訳者の篠原氏が『ジャッカルの日』のリーディング・コピーを読んだのだろうか。この小説は、ドゴールということで先入観を持ってしまう。

拙訳のウッドワードとバーンスタインの『大統領の陰謀』にしても、すでに終ったウォーターゲート事件ということで、大手の出版社が敬遠したと聞いている。しかし、一読すれば、『大統領の陰謀』のスゴさがわかったはずであるし、『ジャッカルの日』にしても同様である。

自戒の言葉として、私はいつも本に対して謙虚でなければいけないと思っていた。翻訳出版をはじめたころの角川春樹氏は、リーディング・コピーに対して謙虚すぎるほどだった。その結果、失敗したこともあったはずである。しかし、その失敗をはるかに上まわる成功をおさめた。

翻訳出版も軌道に乗せるまでが大仕事である。版権をとるのは、じつは翻訳出版のなかでいちばん容易な仕事であると思う。いまや金さえあれば、版権が取れる時代なのだから、アメリカやイギリスのベストセラー小説を抑えたからといって、それほど自慢にはならない。

たとえば、最近、ケン・フォレットの『針の目』の版権を某社が取得したと聞いたけれども、この場合、私は、表現はよくないかもしれないが、どれだけの大金を払って、このベストセラーをつかまされたのかと思ってしまうのである。その版権の仲介の労をとったエイジェントはやがて高額のアドバンスで売ったことを吹聴し、そのニュースが「パブリッシャーズ・ウィークリー」誌に載って、また版権料がつりあがるだろう。

版権というものは、他社が狙っているとなると、いっそう欲しくなる。翻訳出版の編集をした人なら、誰しも経験することだろう。角川書店の翻訳出版のあとをたどってみると、角川氏もまた編集者として例外ではなかったことに気づく。つまり、試行錯誤があったということであるが、角川書店において翻訳出版が定着した現在では、その試行錯誤が生きたのである。

私は数年前までの角川氏しか知らない。いまは翻訳ものについて後進に道をゆずられたようであるので、スポーツ新聞や週刊誌で氏の消息を知るのみである。

しかし、翻訳出版における角川春樹氏の存在を考えるとき、氏があたえた衝撃はきわめて大きかった。企画も編集も氏がほとんど一人でやってのけたのである。角川さんはエンターテインメントにも純文学にもノンフィクションにも興味を示した。

純文学では、コレンスキー、シルヴィア・プラス、シンガー、チーヴァー、ジョイス・キャロル・オーツなどがいる。角川文庫には有望な新人の作品がはいっている。たとえば、ロバート・ヘメンウェイの『ビートルズと歌った女』やレオナード・ガードナーの『ふとった町』など。純文学ものがあまり評判にならなかったのは残念である。とくに、シルヴィア・プラスの『自殺志願』が埋もれてしまったのは惜しい気がする。

翻訳出版の新しい時代を作り出した二人

早川書房をやめたとき、翻訳をしないかとまっさきに声をかけてくれたのが角川春樹氏である。翻訳稼業でなんとか食ってゆける自信はあったけれども、角川氏の激励はうれしかった。

そのとき、二年ぶりかで角川氏に会ったのであるが、やはり声が大きくて、山の上ホテルのダイニング・ルームでよくひびいた。その二年前、私の友人の結婚披露宴で、角川春樹氏と早川浩氏が顔を合わせている宴のあと、お二人を銀座のバーへ案内した。どうしてそんなことをしたのか、いまもってわからないが、私にとっては、それで、お二人のことがよくわかった。

それからもう十年以上もたっている。この間に、ミステリーもSFもかつてのように早川書房の独占というわけにいかなくなってしまった。しかし、早川浩氏も肝心なところは抑えているし、ハヤカワ・リテラチャーというシリーズがはじめられた。この名称はなんともいただけないが、トルーマン・カポーティやドクトロウがはいっていて、内容は充実している。

角川春樹氏と早川浩氏の活躍を見て、翻訳出版が新しい時代にはいったことを私は感じた。しかし、翻訳出版はまた変ろうとしているのではないかとも私は予測している。昔のように、十ドルとか二十ドルの版権料の値上げにくよくよする時代にもどるということではないが、各社ともベラボウな版権料を出せなくなるのではないかと思うのである。

『ジャッカルの日』の版権料は、その後に支払った印税の何百分の一かだろう。『ラブ・ストーリィ』にしても、版権料は安かったはずである。成功は版権料の安さではかわるものではないが、版権料が高いと、それだけ出版の危険が大きくなる。翻訳もので初刷が三万部というのは、出版社にとっても編集者にとってもキツイのである。もちろんそこに例外があることは認めるが。

たぶん、角川氏は翻訳出版で幸福な経験をした編集者である。未知の作家を何人か紹介して、それらをベストセラーにしたのだから。これは運がよかったということもあるだろう。しかし、私が、いま、氏を高く評価するのは、編集者として一時期、誰よりも熱心に勉強されたからである。そしてまた、角川氏には、作品に惚れこめるという特質があった。氏の熱狂が『ラブ・ストーリィ』や『ジャッカルの日』をベストセラーにのしあげてしまったのではないかとも私は思っている。

＊1　大原寿人《じゅじん》名義で刊行。このほか、常盤新平訳の角川文庫は、スチュアート・H・ホルブルック『世紀の事業王』、ホレス・マッコイ『彼らは廃馬を撃つ』、ジョン・トーランド『バルジ大作戦』、アーサー・メイリング『さよならを言うには早すぎる』、編著に『マドモアゼル傑作集』がある。

編集者とエイジェント

早川書房から出たスウォンバーグの『ピュリツァー』を読んだ。七百ページもあるので、三日もかかってしまった。何しろ一キロ近い重量の本なので、寝床で読めないのがいたかった。書店で『ピュリツァー』を買い求めたとき、店員が四千円という定価に驚いていたが、けっして高くはないと思う。この種の本は部数が限定されるし、どんなに評判がよくても、そう売れるものではない。

原書が出て十年後に『ピュリツァー』の翻訳が出たことに、私は感慨深いものがあった。これは「現代ジャーナリズム選書」の一冊だったのである。私は『ピュリツァー』のほかに、同じ著者の『市民ハースト』も加えたかったが、これは河出書房新社がすでに版権を取得していて無理だった。

おそらく、河出書房が『市民ハースト』の版権を確保していたので、私はそれに勇気を得て、

『ピュリツァー』を「現代ジャーナリズム選書」に入れる気になったのだろう。

そのころ、河出書房は翻訳ものに意欲を見せ、新しい小説やノンフィクションの版権をつぎつぎに取得していた。同社の「人間の文学」というシリーズを懐かしく思い出す。大久保康雄訳のフランク・ハリスの『わが生と愛』や中田耕治訳のアナイス・ニンの『愛の家のスパイ』がはいっていた。

青木日出夫さんと『広場の明り』

河出書房の翻訳出版で活躍していた一人が、現在、日本ユニ・エージェンシーに勤務する青木日出夫さんだった。

青木さんとはもう二十年近いつきあいである。渋谷、百軒店の古本屋に勤めていた人から青木さんを紹介してもらったのであるが、そのころの彼は神経質そうな早稲田の学生だった。その当時から蔵書家で、ペイパーバックを私などよりたくさん持っていた。とてもかなわないと思ったことをおぼえている。

ビート・ジェネレーションの時代だった。英文科の学生だった青木さんの卒業論文はたしかビート・ジェネレーションの文学である。

私が「ホリデイ」の失敗でくさっていたころ、毎日のように青木さんと会っていた。話題はつねにアメリカだった。アメリカの探偵小説から映画、ミュージカルにまで及んだ。当時珍しかったブロードウェイ・ミュージカルのレコードを何枚かいただいている。『マイ・フェア・レディ』のモノラル盤を見つけてくれたのも青木さんである。

僕は映画少年だったんです、と彼はいつだったか話してくれたことがある。アメリカ映画から、青木さんはアメリカ文学に興味を持ったように思われる。私にしても、高校時代にアメリカ映画を観なかったら、アメリカの本を仕事にするようになったかどうかわからない。

ハヤカワ・ミステリでもハヤカワ・ノヴェルズでも、私は青木さんのお世話になった。この二つのシリーズには彼の翻訳がいくつかあるが、*1 それらはたいてい青木さんが発見した小説である。

青木さんはアメリカの未訳の小説を礼讃していた。読んだ小説の梗概と感想をノートに書いていた。それが何冊もあったのをおぼえている。彼はアメリカの小説が好きで、手当たりしだい読んだ結果、いつのまにか翻訳者になったのだと思う。

その点で、いまの翻訳家志望の人たちとはずいぶんちがう。英語ができるから、翻訳でもしたいという人が圧倒的に多い。早川書房に勤務していたころ、翻訳をしたいという人が自薦他薦で数多くやってきた。この人たちに私がまず訊いたのは、どんな作家が好きか、どんな作品を訳したいかということだった。まともに答えられた人はほとんどいなかった。

ある翻訳者がお嬢さんを連れてきて、娘に何か翻訳させてくれと頼まれたことがある。あなたが原稿をみてくださるならと、お嬢さんにある小説の翻訳をお願いしたが、そのとき、正直なところ、何か割りきれない気持だった。本来なら、娘からこういうものを訳したいので、どうだろうかと父親である翻訳者が言うのが筋だろう。案の定、彼女の翻訳はまだ本になっていない。

青木日出夫さんの翻訳に、エリザベス・スペンサーの『広場の明り』(訳題『天使たちの広場』)がある。「ニューヨーカー」に載ったこの小説がペイパーバックになったとき、彼にスペンサーのことを話すと、僕の好きな女流作家で、『広場の明り』は大好きな小説だと青木さんはうれしそうに言うのだった。それから二、三日して、『広場の明り』のハードカバーを早川書房に持参して、見せてくれたのである。

何年かたって、この小説の版権を早川書房が取得したとき、青木さんに翻訳を依頼したのは当然である。エリザベス・スペンサーはマグロー・ヒル社の出版であり、翻訳権も同社が扱っていた。

前に書いたことであるが、マグロー・ヒル社は、版権料を最低一千ドルという線をゆずらなかった。これでは、日本で一般書の版権が売れるわけはないので、アルフレッド・ヴァン・ダー・マーク氏の来日となった。このヴァン・ダー・マーク氏と青木さんはいまや親しい間柄である。両氏とも無類の本好きである。

よき助言者からライバルへ

青木日出夫氏は早稲田大学を卒業したのち、大学院に籍をおいた。その前後から、早川書房に足しげくやってきた。早川書房に来られないときは、社に電話をかけてきて、読んだ本や見つけた本のことを話してくれた。あの当時、彼は一日に一冊か二冊はペイパーバックを読んでいたのではないだろうか。

ときには、青木さんの本の話に、私が辟易することもあった。やがて、私はタトル商会にいた宮田昇氏に青木さんを紹介した。宮田さんなら、彼の才能を私などよりはるかにうまく活用してくれるのではないかと考えたのである。

宮田さんは青木さんをリーダーとして河出書房に推薦された。たぶん、これは青木さんの一生を決定するようなことではなかったかと思う。河出書房の編集部のS氏が青木さんの力を高く評価してくれたからだ。その結果、彼は河出書房入りする。

当然、青木さんは早川書房へあまり来なくなった。いまや、彼は私のライバルである。シュレジンジャーの『ケネディ』は河出書房のベストセラーであるが、これは早川書房ではとても出せないと思った。いま考えてみれば、けっしてそんなことはなかったのであるが、当時としては版権料を考えると、手が出なかった。

青木さんは本に惚れこむ人だ。『ケネディ』の場合もそうだった。惚れすぎるのが彼の欠点であると思うが、原書も見ないで、売れそうだからと、高い版権料を払うよりはるかにいい。青木さんは『ケネディ』に惚れたし、売れるとも判断していた。結果は、青木さんの賭けが当たったのである。

偏見をすてて新刊書を読む

河出書房に入社してまもなく、青木さんは渡米した。これは新入社員にしては破格の待遇であるが、彼にそれだけの力があったのだと思う。それに、物怖じしない性格が、彼の場合、幸いしている。物に動じないところが私とちがう。私は三桁の単位で版権料を考えたが、青木さんは当時から四桁の版権料にびくともしなかった。

スウォンバーグの『市民ハースト』は版権料は三百ドル程度だったはずであるが、ページ数で私は敬遠した。二分冊、三分冊で翻訳を出すのは、よほど面白い読物でないかぎり、早川書房では思いもよらぬことだった。

しかし、『市民ハースト』の翻訳はついに本にならなかった。ついでながら、スウォンバーグには、タイム社のヘンリー・ルースをヴェトナム戦争の元凶と決めつけたルース伝がある。数年前にこの伝記が出たとき、「タイム」誌は酷評したが、しかし、近く出版されるデーヴィッド・ハルバースタムの、ヴェトナム戦争におけるマス・メディアの責任を追及したルポルタージュ[*2]はスウォンバーグの主張に似ている。

『市民ハースト』が埋もれてしまい、『ピュリツァー』の翻訳が出たことに、私は感慨をおぼえる。そして、『ピュリツァー』の訳が木下秀夫氏であったことに不思議な因縁を感じている。私がこの人の名をおぼえたのは、戦後まもなく岩波書店から出た『アスピリン・エイジ』を読んだときである。

ハヤカワ・ノンフィクションがはじまったとき、私は『アスピリン・エイジ』をぜひこのシリーズに入れたいと思った。私が一九二〇年代のアメリカに興味を持っていたせいもあるが、このアンソロジーそのものがすぐれたノンフィクションであったからだ。

しかし、『アスピリン・エイジ』の版権はなかなか取得できなかった。著作権が錯綜していて、契約書を手にするまでに、一年ほどかかっている。『アスピリン・エイジ』の翻訳が出るまでに、さらに数年を要した。

『市民ハースト』にしても、河出書房の青木さんと争って、版権を買うべきだったかもしれない。『アスピリン・エイジ』を追いかけていたのであれば、『市民ハースト』も考慮に入れるべきだった。

それをしなかったのは、私が『市民ハースト』を手にしながら、読んでみなかったからである。青木さんは読んで、版権を申し込んだ。そういうところは、いまだに青木さんに私はかかなわない。

青木さんは新刊であれば、たいてい読んでしまう。著者の名前や書評にとらわれないで、偏見を持たずに読む。そういう意味で、私はいささか権威主義的で、いやらしい。

きわめて編集者的な翻訳者

現在、青木さんはユニ・エージェンシーの人である。海外の出版社との提携出版は、青木さんがパイオニアだった。神経のこまやかな人であるが、彼の企画することはつねに大きい。しかも、目が早い。

イエルジー・コジンスキーを日本で最も早く注目したのは、アメリカ文学者ではなく、青木日出夫氏だった。発見者だった彼がコジンスキーの『異端の鳥』（角川書店）をはじめ、彼の作品を翻訳しているのは、当然であろう。コジンスキーが日本でもてはやされるようになったのは、青木さんの話を聞いて、だいぶたってからである。今年（一九七八年）のはじめだったか、星新一氏が『異端の鳥』を読まれて、コジンスキーはすごい作家だと言っておられた。

その一方で、青木さんは映画ものやノヴェライゼーションの紹介にも熱心である。私が早川書房にいたころ、青木さんは映画化される小説をとくにすすめてきた。まだ、映画化ものがそんなに注目されなかったころである。

映画と小説が青木さんの場合、分かちがたく結びついているらしい。映画が大好きで、小説が大好きであれば、その翻訳が出てしかるべきだと青木さんは考えているのだろう。リチャード・ブローティガンにも、青木さんは早くから注目していた。ブローティガンの『愛のゆくえ』(新潮文庫)彼の訳だ。エイジェントである一方で、翻訳もつづける青木さんのたくましさに私はいつも感心してきた。もっとも、最近は、彼の顔に疲れを見ているが。

青木さんは帰りが同じ方向なので、よく宮田昇氏といっしょに横須賀線に乗る。これは宮田さんから聞いた話であるが、電車に乗ると、青木さんは「パブリッシャーズ・ウィークリー」誌かリーディング・コピーを読みはじめるという。

アメリカの編集者たちも青木さんと同じらしい。オフィスでは来客や電話で原稿やゲラを読んでいられないので、編集者たちは帰りの電車や家で読む。そういうことを、パトナム社のウィリアム・ターグ(『ゴッドファーザー』の編集者)が書いていた。

編集者というのは、まず第一に、本が好きでたまらない人だと思う。青木さんは編集者の経験は少ないけれども、きわめて編集者的な人である。彼が翻訳者であるのは、あくまでも結果にすぎない。といって、翻訳者としての青木日出夫を軽視しているのではない。

むしろ、翻訳者であるために、青木さんはエイジェントとしていい仕事をしている、と私は思っている。翻訳出版は二足のワラジをはく人間を生みだしてきた。亡くなった福島正実氏がそうであったし、私にしてもその一人だ。宮田さんにしても、一方では児童文学者であるし、[*3]

矢野浩三郎氏はフランス文学の翻訳者として一流である。矢野さんのシムノンの翻訳は絶品である。

青木さんがいるからポルノは見ない

この秋の「パブリッシャーズ・ウィークリー」の日本特集で、ユニ・エージェンシーの面々は翻訳者でもあると紹介されていた。そこがほかのエイジェントと大きくちがうところである。翻訳者でありエイジェントであるというのは、ときに誤解を招くことがある。

しかし、矛盾するようであるが、青木さんも矢野さんも翻訳者としてスタートしている。青木さんは翻訳が好きなのである。私の場合、早川書房で、翻訳をしていることが、編集の仕事の上でプラスになった。勉強にもなった。ただし、儲かることはなかった。

青木さんがエイジェントになったのは、エイジェントの仕事が好きだということもあるだろうが、人よりも早く本が読めるからではなかったかと推測している。エイジェントもまた編集者と同じく、開拓者の意欲が必要である。未知の作家を出版社に売りこむのは、創造的な仕事であると思う。それを誰よりも勇敢に実行している一人が青木さんだ。

彼が私と親しいから、そう申しあげるのではない。有名作家の新作の版権を売るのは、エイジェントにとって、簡単である。それを高く売りつけることも、いまや簡単になった。青木さんは未知の作家を紹介するのが好きだ。

ところで、青木さんはポーノグラフィ研究の第一人者である。私がポルノを敬遠するのは、青木日出夫という権威がいることも一つの原因となっている。青木さんの書庫は「エスクァイア」や「プレイボーイ」が創刊号から揃っているはずだが、ポルノの宝庫でもある。このような友人がいるとき、どうして私がポルノを翻訳する気になれよう。ポルノ映画を見ないのも、彼がいるからだ。

先日、フランクフルトのブック・フェアから帰国した青木さんから、ネクタイをいただいた。もらったネクタイを、私はほとんど締めたことがないけれど、青木さんのネクタイは気に入った。

そのネクタイをわたすときの彼の言葉がよかった。「もうランヴァンやエルメスはだめだって言われたんですよ。で、これをフィレンツェで買ったんです」。

いただいたネクタイはバレンシアだった。

＊1　ハヤカワ・ミステリは、ドナルド・ハミルトン『抹殺部隊』、リチャード・スターク『悪党パーカー　逃亡の顔』など。ハヤカワ・ノヴェルズは、ハンス・コニングズバーガー『わたしは知ってるの』、アリステア・マクリーン『悪魔の兵器』（いずれも青木秀夫名義）。

＊2　邦訳『メディアの権力』は、一九八三年にサイマル出版会より刊行（筑紫哲也、東郷茂彦、斎田一路訳）。

＊3　内田庶《ちかし》名義で児童向け読みものの翻訳を数多く手がけている。

大事なエイジェントの役割

早川書房時代の私を外部からたえず支持してくださったのは、宮田昇氏であり、青木日出夫氏であり、もう一人は矢野浩三郎氏だった。三氏は「パブリッシャーズ・ウィークリー」誌でも紹介されたように、ユニ・エージェンシーの人たちである。

矢野浩三郎さんの翻訳やエッセーには香気が

矢野氏は、もし私が早川書房に誘わなかったら、いまごろはまちがいなく助教授か教授になっていたはずである。すぐれたフランス文学者になっていたと私は確信しているのであるが、あの、いま思い出しても恥かしい「ホリデイ」創刊のとき、早川書房に編集者として入社した結果、リテラリー・エイジェントになってしまった。

そして、矢野さんの場合、私はエイジェントではなく、どうしてもリテラリー・エイジェントと言いたいのである。これは、氏の重厚な人格、文学的な雰囲気のせいかもしれない。ユニ・エージェンシーにどっしりした感じをあたえている人である。それは、安心感ともいっていいだろう。

矢野さんを私に紹介してくれたのは、早川書房で同僚だった長島良三氏である。長島さんはシムノンの訳者であり、シムノンが読まれるようになったのは、ひとえに長島さんの努力の結果であると思う。しかも、彼はまれにみるほど心の優しい男である。

私が早川書房時代の不明を恥じるとすれば、長島さんを理解しなかったことだろう。いまは、シムノンにこれほど傾倒してきた男を尊敬するばかりである。

長島さんは明治大学で矢野さんと親しくしていた。それで、「ホリデイ」創刊のとき、長島さんは矢野さんを早川書房に連れてきたのだった。こういう場合、雑誌編集の経験のない私をたすけてくれるのは、経験者のほうがいいはずであるが、私は新人のほうがいいと思っていたらしい。

「ホリデイ」が失敗すると、矢野さんはいさぎよく早川書房を辞めていった。それからしばらく、矢野さんの苦しい浪人時代がつづく。その点で私は無責任だったし、そのそしりは免れないと思う。

しかし、一方で私は、才能があれば、かならず世に出てくると信じている。出版の世界もジャーナリズムの世界も、才能に対して寛容である。ユニ・エージェンシーの長所をあげるならば、才能を大切にするということであろう。

あるとき、矢野さんに私は下訳を頼んだことがあった。矢野さんはいまも仕事がおそいほうであるが、そのときは出来あがった原稿に驚いたことをおぼえている。うまいのである。

矢野さんのエッセーや翻訳を読んでいると、私はいつも香気を感じる。下訳を読んだ私は、ただものではないと思った。

それからしばらくして、私は矢野さんを宮田さんに紹介し、どういう経緯であったか、例によって記憶はないが、矢野さんはタトル商会にはいった。宮田さんはタトル商会内部で仕事を奪われつつあった。しかし、経営者の手先となって、宮田さんを排斥した二人の幹部がのちにタトル商会から追い出されたのは、皮肉な話である。

宮田さんは心労のためか、健康を害しておられた。矢野さんは病気がちの宮田さんをよくたすけたが、宮田さんのすすめもあって、海外評論社に移った。当時の海外評論社はまだ小さかったが、オフィスは銀座の並木通りにあって、「週刊朝日」の元編集長の宮田新八郎氏がおられた。海外評論社の社長はカーン氏ではなく、堀という人だった。

矢野さんが入社し、宮田新八郎氏のいる海外評論社を盛りたてようという気運が生まれた。といっても、翻訳出版を試みる出版社はほとんどなかったから、海外評論社に加勢したのは、主に早川書房だったということになる。青木日出夫氏はすでに河出書房の人だったのだろうか。

矢野さん、青木さんと三人で、よく喫茶店でお茶を飲んだ。それが情報交換になった。

矢野さんは海外評論社に長く勤務しなかった。会社の方針が変って、原著者の利益を守るという名目で、版権料が上がりはじめたからである。ローレンス・カーン氏の登場である。矢野さんはじつにあっさりと海外評論社を辞めて、独立し、矢野著作権事務所をはじめた。日本ユニ・エージェンシーの前身である。

メグレがこんなきれいな日本語をしゃべる！

ここで、矢野さんの経歴を語るのは本意ではない。早川書房、タトル商会、海外評論社に氏が短い期間しか在籍しなかったのは、矢野さんのいさぎよいところだと私は思っている。なにしろ、筋の通らないことの嫌いな人である。九州男児なのである。

青木日出夫氏や矢野さんを見ていると、私のほうがはるかに年長でありながら、二人とも人間的に私などより成熟しているように思われる。矢野さんは矢野著作権事務所時代から苦労してきた。その苦労が人間を大きくしたようだ。

私は、矢野さんが編集者やエイジェントよりも、著者のほうに向いているのではないかとみてきた。私に対しては、とくに無口だったので、いっしょにお茶を飲んでも、二人のあいだで話らしい話がないので、じつにヘンテコなものだった。矢野さんと雑談ができるようになったのは、この二、三年のことである。

矢野さんが早川書房を辞めて、三、四年したころだと思うが、矢野さんに私は翻訳を依頼した。それがなかなか出来あがってこない。督促の電話をすると、彼はいつ完成するとはけっして言わないで、こちらがせっつけばせっつくほど、無言になるのだった。

そのたびに、軽々しく約束してしまう私は反省させられた。いま考えても、矢野さんの態度は立派だった。とにかく、こちらがいくら言ったところで、何月何日にもらえるという確約を矢野さんからはとれなかったのだから。

翻訳者としての矢野さんはすでに一流である。数こそ少ないが、みんなじつにうまい訳だ。仕事が入念であり、豊かな感受性を感じさせる。シムノンの翻訳者としては、おそらく一番の名手であろう。

『メグレとベンチの男』と『モンマルトルのメグレ』の二冊を読んだとき、これこそシムノンであり、メグレであると私は感心した。『モンマルトルのメグレ』については、植草甚一氏と丸谷才一氏が絶讃している。

矢野さんは、台詞の訳がじつにうまい。それで小説が生きてくる。私がとくに『モンマルトルのメグレ』をいろんな人に読むようにすすめたところ、翻訳ものの好きなある新聞記者が言った。あまりにも読みやすいので、これは翻訳じゃない、メグレがこんなきれいな日本語をしゃべるはずがない、と彼は言うのだった。

その新聞記者に言わせれば、翻訳ものを読む楽しみは、ひっかかりながら読んでいくところにある。たしかに、翻訳ものを読むときは、覚悟して読まなければならない時代があった。それは、もう過去のことであろう。

矢野さんは翻訳者としては、エイジェントという激務のあるなしにかかわらず、仕事がおそいほうの人であると思う。翻訳がていねいである。神経がこまかい。そういうところから、エイジェントよりも、執筆者のほうに向いているのではないかと書いたのであるが、じつはエイジェントの仕事も、こまやかな神経が要求されるのである。同時に、忍耐が必要である。

矢野さんは矢野著作権事務所時代から、エイジェントとしてこつこつ仕事をしてきた。忍耐が必要であるのは、エイジェントの場合も、翻訳者の場合も同じである。どちらにしても、しんどい仕事だ。

出版社の人が矢野さんにはじめて会えば、氏の落ちついた態度にびっくりするのではないか。また、ちょっと話してみただけで、矢野さんから安心感を得るのではないか。矢野さんのようなタイプのエイジェントは、アメリカやイギリスにはいるかもしれないが、日本にはいないだろう。

矢野さんは、どちらかといえば、守りの人である。何ごとも堅実であるし、トリコボシがない。そういうところで、青木日出夫氏とは対照的である。この二人がユニ・エージェンシーの両輪になっていることは心強い。

エイジェントの仕事に無知な翻訳者の存在

矢野さんがエイジェントとして、どんな仕事をしてきたかということになると、とても書きつくせない。ユニ・エージェンシーの基礎づくりは矢野さんに負うところが多いはずだ。厖大な伝記事典の編集、コンピューターの導入などは、矢野さんなしでは考えられないだろう。ただ、最近の矢野さんについては、私もくわしくは知らないのである。

エイジェントの仕事をしながら、翻訳の仕事をするというのは、たいへんである。どちらかに徹すればいいのではないかという意見もある。しかし、矢野さんも青木さんも、書ける人なのである。新しいものを紹介するという点で、パイオニアである。

矢野さんの内部で、エイジェントと翻訳の仕事が密接に結びついている。矢野さんの翻訳はたいてい、誰もやり手がなくて押しつけられた仕事である。それを見事にやってのけるのだから、貴重な存在である。私自身、シムノンを矢野さんの翻訳でもっと読みたい。また、フランスの新しい小説の翻訳も矢野さんので読んでみたい。しかし、それは無理な注文であると思う。

矢野さんはもともとエイジェントの仕事が好きなのである。私ははじめ編集の仕事がいやでたまらなかった。それが、いつか翻訳の仕事よりも好きになってしまった。エイジェントと編集の仕事は似ている。どちらにも魅力があると思う。おそらく、翻訳出版の仕事で現在最も面白いのは、エイジェントと編集者の仕事だろう。勉強もしなければならないし、先を見通す力もなくてはならない。

矢野さんはけっして出しゃばらない人である。こちらが翻訳をほめたりすると、恥かしそうにして、すぐに話題をかえてしまう。オカルトの権威でありながら、私の前でそういう話をしない。自分はまずエイジェントなのだと矢野さんは思っているのだろう。

矢野さんの第一印象は口下手な人だった。歌はうまいけれども、歌をうたいだすまでに酔うのがたいへんなのであって、そこまでつきあうのがたいへんだと私は思っていた。しかし、けっしてそうではないのである。矢野さんは英語もフランス語も話せるのである。フランクフルトやロンドンやパリへさりげなく行ってくる人である。パイプの煙草をのむ姿がこんなに板についている人はいない。

早川書房に勤めていたころは、私もたくさんのエイジェントに会った。海外評論社などは、訪ねてくるたびに、人がちがっていた。やっと来る人が決まったと思ったら、版権料が、会うたびに高騰していた。

早川書房を辞めてからは、ユニ・エージェンシー以外のエイジェントと会わなくなったし、思うところあって、同業者ともあまりつきあわなくなった。といって、エイジェントに関する私の知識や情報が片寄っているとは思わない。私のほうがむしろ客観的であると思っている。もちろん、それを鼻にかけるつもりはないが。

翻訳出版の世界では、無責任な噂話が多すぎるのである。それは、エイジェントや編集者よりも、翻訳者に責任があると思う。たとえば、最近、あるスポーツもののノンフィクションを偶然読んだのであるが、翻訳者はあとがきで、この本の版権をめぐって、争奪戦が演じられた、と書いていた。

そんなことは、私からみれば、どうでもいいのである。争奪戦があったとすれば、版権を取得したのは、高い版権料を支払った出版社である。だから、そんなことは、翻訳者が書かなくてもいいことだ。

ところが、その翻訳者は、その争奪戦に勝ったのが、編集者の功績であるかのように書いている。編集者にとっては、これはいい迷惑だろう。たぶん、その翻訳者はエイジェントの仕事について、まったく無知なのだろう。

同じ四十代の中年男としての安心感

早川書房にはいったことが、矢野さんの一生を決めてしまったのだと思う。そして、もし「ホリデイ」という雑誌がつづいていたとすれば、その後の局面は変っていたはずである。ただ、早川書房に入社しなかったにせよ、矢野さんはすぐれた翻訳者になっていたはずである。私は矢野さんを翻訳者、執筆者と考えてしまうところがある。矢野さんの翻訳のあとがきは秀逸なのだ。

ただ、矢野さんはたんなる翻訳者に甘んじない人である。それは彼が野心家だからということではない。志のある人ではあるが、野心から最も遠い人である。

ようやく、私も最近は酒豪の矢野さんといっしょに飲めるようになった。彼と飲んでいれば、安心なのである。なんど家まで送っていただいたことか。これも、エイジェントのつとめと矢野さんは諦めているのだろうか。

いっしょに飲んでいても、話はどうしても仕事のほうに行ってしまう。ある作家の新刊が売れたか売れないかということは、私にとって興味つきない話題である。そこのところは、私は青木日出夫氏に似ているのかもしれない。

矢野さんも無類の本好きである。しかも、よく読んでいる。そのむかし、私が「ハヤカワ・ミステリ・マガジン」を編集していたころ、アメリカで一番長い小説といわれた女流作家の新刊のことをコラムに書いてもらった。

矢野さんはその長い小説を読み、書評に眼を通して、ユーモラスなエッセーを書いてくれた。その小説はアーサー・ヘイリーやジェームズ・ミッチェナーのより長かった。長いことだけで、もう滑稽だった。小説は凡作だったけれども。

最近、矢野さんに会うと、彼も中年男になったと思う。四十代にはいったのだと思う。私が四十代にはいったときは、矢野さんの三十代の若さが羨ましかったし、脅威にも感じた。しかし、いまは同じ四十男だという安心感がある。

矢野さんは出版界に足を踏み入れて、もう二十年になるはずだ。大学院在学中に、早川書房にはいったのだから。

矢野さんは去年（一九七八年）の秋、フランクフルト・ブック・フェアの帰り、ロンドンに寄った。そのとき、ヴィジンツェイという作家に会った話を聞いた。この作家の『年上の女を讃える』は矢野さんの訳である。ヴィジンツェイは菜食主義者で禁酒家であるという。この作家のアパートで、矢野さんは夕方から午前三時まで話しあった。「ちょっとしんどかったですがね」と矢野さんは微笑していたが。

自分を殺し、本や訳者を生かす

拙訳の『汝の父を敬え』を読んで、著者のタリーズと主人公のビル・ボナンノはいっしょに女遊びをしたのではないか、と推定した人がいる。そのように考えてもいいほど、書く側と書かれる側は密接な関係にあった。じつは、それがニュー・ジャーナリズムなのであるが。

タリーズとボナンノがいっしょに女を買ったかどうかは知る由もない。そして、ここでこのようなことを書くのは、不謹慎かもしれない。しかし、二人のあいだに、なんの秘密もなかったことは確かであって、右のような感想をもらした人は、そのことをおそらく言いたかったのだろう。

彼はニュー・ジャーナリズムの理解者である。幸運にも、彼は私の友人であるが、私より年齢が若いのに、はるかに大人である。武富義夫という。双生児の愛娘からは、武富さんは高倉健とも、菅原文太とも呼ばれているらしい。

武富氏もまた日本ユニ・エージェンシーの人である。考えてみれば、タトル商会はすぐれたエイジェントを世に送り出してきた。武富さんもその一人である。立教大学を卒業後、宮田昇氏のいたタトル商会に入社し、ユニ・エージェンシーの前身だった矢野著作権事務所に移って、現在にいたっている。

『卒業』のペイパーバックが武富さんの机の上に

武富さんとは、彼がタトル商会にはいったときから、親しくつきあってきた。宮田さんに引き会わせてもらったのだと思う。すぐに仲よくなったのは、なんといっても、武富さんの人柄である。彼には、相手のフトコロに飛びこんでいくところがある。これは、彼の育ちのよさであろう。

タトル商会時代の武富氏には、恩義がある。早川書房の「現代ジャーナリズム選書」の一冊目になったフレッド・フレンドリーの『やむをえぬ事情により…』は、私がジャーナリズムのシリーズを企画をしていると知って、武富さんがすすめてくれたのである。TVジャーナリズムものとしては、フレンドリーの著書——回想——は、わが国ではじめて紹介された作品ではなかったか。

TVジャーナリズムの本に注目する出版社など当時なかった。岡本幸雄氏の翻訳はずいぶん書評が出て、少しは増刷になったと記憶するが、フレンドリーというと、私はタトル商会の武富さんの机にのっている原書を思い出す。

もう一冊は、映画化された、チャールズ・ウェッブの『卒業』（佐和誠訳）である。私が早川書房を辞める二年前だから、一九六七年の春だった。

その昔、大映のニューヨーク支社長だった平尾圭吾氏が、久しぶりに東京に帰ってきたので、旧交をあたためた。平尾氏は、いまや『ジョーズ』の翻訳者として知られている。私にとって、平尾さんは英語のできる人で、弘文堂から出た彼の『スクリーン・イングリッシュ』を重宝していた。じつは、私が競馬をはじめるようになったのは、ピーター・マーズの『マフィア』を訳したとき、平尾さんから競馬のシーンについて、誤訳を指摘されたからである。

競馬のシーンを翻訳するのは、どんなにすぐれた英和辞典をもってしても不可能である。それで、どうしたらいいか、と大橋巨泉を小型にしたような平尾さんに尋ねると、競馬場に行ってみるのがいちばんいいということだった。

たしかにそのとおりであった。いまは競馬のことを翻訳するときは、自信満々である。二、三か月前、アーウィン・ショーの中篇小説「死んだ騎手の情報」で、オートイユの競馬シーンを楽しく訳すことができた。競馬のことを知らなかったら、たぶん訳すことができなかっただろう。いちおう翻訳することはできても、不満が残ったにちがいない。

平尾さんが帰国したとき、ニューヨークで『卒業』という映画がヒットしていることを教えてくれた。音楽がすごくいいんだ、と平尾さんは言った。その音楽が、あとでわかったことであるが、サイモンとガーファンクルの「サウンド・オブ・サイレンス」である。

そのとき、平尾さんは、原作があることも教えてくれたはずである。平尾さんと会ったその翌日、私はタトル商会に武富さんを訪ねて驚いた。『卒業』のペイパーバックが彼の机にあったのである。これまた、版権がまだ売れないでいるということだった。映画化ものは、早川清氏の好きなものだったので、さっそく版権を申し込んだことはいうまでもない。アドバンスは百五十ドルだったし、しかも、すぐにOKが来た。すでに翻訳が終っていて、初校が出ていたのではないかと思う。映画の封切に合わせる必要があった。『卒業』はハヤカワ・ノヴェルズの一冊として出て、このシリーズのなかでも、よく売れたほうである。

『大統領の陰謀』の翻訳をすすめられる

『やむをえぬ事情により…』や『卒業』が武富さんの机の上にあったのは、偶然であるかもしれない。しかし、私にとっては幸運であった。そして、もし武富さんがいなかったら、『やむをえぬ事情により…』も『卒業』もなかったのではないかという気がするのである。彼が私に幸運をもたらしてくれたと思う。

私が早川書房を辞めてから、たえず私を励ましてくれたのも、武富さんである。彼は、ウッドワードとバーンスタインの『大統領の陰謀』のゲラ刷を読ませてくれた。ユニ・エージェンシーとしては、はじめは、この問題作を翻訳もののノンフィクションの経験のある出版社に売りたかったらしい。けれども、ウォーターゲート事件は新聞や雑誌の報道ですでに終ったと考えられていた。私自身もその一人であったが、『大統領の陰謀』を読んで、事件について何も知らなかったことを教えられた。

そのころ、私は『汝の父を敬え』を訳しおえて、何もする気がなくなっていた。競馬をはじめたのも、そういうことがあったからだ。そこへ、『大統領の陰謀』の翻訳の仕事が舞いこんできたのである。

私がこの仕事を引き受けたのは、『汝の父を敬え』から一直線だと思ったからである。簡単にいうなら、『汝の父を敬え』も『大統領の陰謀』もエスタブリッシュメントから見たアメリカではなかった。上から見たアメリカではなく、下から見たアメリカである。

武富さんは『汝の父を敬え』を読んで、『大統領の陰謀』の訳者として、私を立風書房に推してくれたのだと思う。翻訳が出てから、武富さんと編集を担当した立風書房の小西幹雄氏が熱狂していたのをなつかしく思い出す。

ところで、『大統領の陰謀』の翻訳が出てから、私のところに、僕が最初に原書のゲラ刷を読んだのだ、とわざわざ電話してきた男がいる。俺が最初に読んだものを、おまえがつぎに読んで訳したのかという口調だった。彼は翻訳者である。雑誌掲載権のために、その翻訳者は出版社から依頼されて読んだらしい。自分にはできないと思って、翻訳のほうは断わったと彼は言った。

それなら、なぜ彼は雑誌掲載権のことばかりでなく、単行本としての出版もその出版社にすすめなかったのか、と私はそのとき不思議に思った。しかも、彼は私と同じく元編集者である。そうであれば、彼は『大統領の陰謀』をほかのしかるべき出版社にすすめてもよかったのではないか。

編集者出身であれば、それをするはずである。すぐれた本を見つけたときは、これを世に出したいと思うのは当然だろう。もっとも、彼は編集者時代に翻訳ものを手がけたことを自慢にしていたが、私の見るところ、そのあとに翻訳出版を意欲的にはじめた後輩にはとてもかなわなかった。

さて、『大統領の陰謀』と『卒業』とのあいだには、十年にわたる武富さんとのつきあいがある。彼にとっては、私とつきあうのは辛かったのではないか。私がわがままだったからである。この十年間、武富さんが私のお守り役だったのではないかと思うことがある。

彼ははじめから異彩を放っていた。顔がきわめて印象的である。長身で、服装が人目を惹く。一度会ったら、けっして忘れない顔である。彼の顔は忘れようとしても忘れられるものではない。

タトル商会入社当時、お金がなくなって、池袋の下宿から神田神保町のオフィスまで走って出勤したこともあるそうだ。貧乏だったのかといえば、そうでもない。一か月か二か月、毎日ホテル・オークラからタトル商会に出勤していたこともあったそうである。

武富さんは型破りの男なのである。競馬でいえば、常識にかからない馬である。なにしろ、彼は『葉隠』にも出てくる武富家の子孫である。世が世なら、殿さまと呼ばれているところである。それがエイジェントなんかに身をおとした（エイジェントのみなさん、ご免なさい）。

しかし、エイジェントが「ミドル・マン」であり、「触媒」であるとすれば、武富さんは、一冊の本のために、一人の翻訳者のために、自分を殺して、本や訳者を生かす人である。それは、武富さん一人ではない。これまでに紹介した矢野浩三郎氏にしても、青木日出夫氏にしてもそうだ。

三氏はそれぞれ個性のちがうエイジェントであるが、その一点において、共通している。そして、三氏とも私と同じように、わがままなところがある。ただし、私よりはるかに大人であるが。

その上に、宮田昇氏がいる。ユニ・エージェンシーというところは、個性豊かな集団である。それ故に、上に立つボスは大変であろう。あるとき、宮田さんは社員に言われて、その社員のためにタクシー会社に電話をかけて、タクシーをよんでいた。宮田さんは、社員に気持よく仕事をしてもらわないといけないので、と私に苦笑されていた。

まぎれもない〝出版界の人〟

昨年（一九七八年）、ニューヨークに行ったとき、四十四丁目の五番街と六番街のあいだにあるホテルに泊った。このホテルは、三、四年前、武富さんが何週間か滞在したホテルである。そのときの話を聞いて、私は予約もなしで、このホテルに直行した。

お粗末なホテルだったが、感じはよかった。それに、ホテル代が安いので、大いに助かった。武富さんが身につけるものはおそろしく高級であることもあるが、バーゲンで間に合わせることもある。私はそういう感覚が好きである。

ホテルの場合でも、彼は高級のところで落ちつける人であるが、安ホテルで楽しむことだってできる。私はニューヨークのそのホテルで、マクック・ルーツという老ジャーナリストと知りあうことができた。アメリカ人としてはじめて蔣介石にインタビューした人であり、ニクソン訪中では、それに先だって訪中を認められたただ一人のアメリカ人記者である。周恩来はルーツ氏の父を敬愛していたという。

私はルーツ氏の人柄に感銘を受けた。奥床しい人柄とは、ルーツ氏をさしているのではないかと思ったほどである。ルーツ氏を知ることができたのも、武富さんのおかげである。彼があのうす汚れたホテルのことを楽しそうに話してくれなかったら、私は金もないくせに、高いホテルに泊っていたかもしれない。

武富さんはこのホテルを基地にして、毎日、近くのアルゴンクィン・ホテルまで「ニューヨーク・タイムズ」紙や週刊誌を買いに出かけたという。私も同じことをやった。それが楽しかったなあと、彼が言ったときから、私もニューヨークに行く機会があれば、そうしようとひそかに思っていたのである。

武富さんのニューヨークの話を聞いていなかったら、たぶん、私のニューヨーク滞在はずいぶんちがっていただろう。味気ないものになっていたかもしれない。

週刊誌の「ニューヨーカー」とゆかりのあるアルゴンクィン・ホテルで毎朝（といっても、五日間だったが）、「ニューヨーク・タイムズ」紙を買いながら、私は、年若い友人の真似をしていると思った。そして、ニューヨークで「タイムズ」紙を買う楽しさを実感できたのである。

アメリカから帰ると、武富さんは私をレカンに招待してくれた。こういうところも、いかにも彼らしい。シェフのすすめる料理を食べ、ワインを飲んだのだから、私などはすぐに勘定を気にするのであるが、武富さんは殿さま然としていた。やはり、育ちがいいのである。

武富さんには、私のわがままから、いろいろと苦情を訴えたし、苦言を呈したこともある。しかし、彼から教わるところが大きかった。バーボンのワイルド・ターキーを教えてくれたのは、武富さんであり、この強いウィスキーをご馳走してくれたのも、武富さんである。

武富さんは読書家である。エイジェントとして当たり前であるが、評判になる前にすでに読んでいる。たぶん、彼には独自の情報源があるのだろう。本に対して謙虚なのである。彼にすすめられて、私は何冊読んだことか。

それにしても、出版社も同じだろうが、エイジェントも普通の感覚ではとてもつとまらないと思う。武富さんが商社や銀行などに勤めることはとても考えられない。大学教授になるという人でもない。電気メーカーや食品会社でも無理だろう。

武富さんはまぎれもなくエイジェントであり、出版界の人だという気がする。武富さんの場合、人間関係が濃密になる。なじみの喫茶店では、彼はわが家のようにふるまう。それを見ていると、うらやましくなってくる。

タリーズとボナンノはいっしょに遊んだのではないかという武富さんの説は、彼自身の経験から発しているのではないかと思う。そこまで、つまりとことんまで、武富さんは友人としてつきあうのである。タリーズとボナンノは抜きさしならない関係にあった。タリーズはボナンノという青年を描くことで、自分を語ったと私は信じているが、武富さんはそれを彼らしい言葉で言ったのである。

早川書房に私がいたころ、武富さんとは毎日のように会っていた。彼が早川書房に来るか、私がタトル商会を訪ねた。会うことが私たちの仕事だった。武富さんが売り手であり、私が買い手だった。買い手はほかにほとんどなかった。青木日出夫氏が河出書房で活躍をはじめたころである。

武富さんが私を相手にしていたころは、版権料は百五十ドルだった。ベン・ヘクトの回想録の雑誌掲載権を五十ドルで申し込んで断わられたのも、いまとなっては、なつかしい思い出である。そのとき、武富さんはすまなさそうに、だめなんですよ、と言った。あの大きな身体を縮めるようにして、そう言った姿を私はいまでもおぼえている。

広い世界であることを実感

十年前（一九六九年）、『ニューヨーカー短篇集』の第一巻が出たとき、未知の方から電話や手紙をいただいた。書評も好意的だったので、私は気をよくしていた。この短篇集を酷評したのは植草甚一氏一人である。「朝日ジャーナル」の書評であったと思う。

うろおぼえであるが、編集がなってないという植草氏の批評だったので、これには一言もなかった。植草氏とは「ショー」という雑誌をめぐって対立したことがある。この雑誌があまりに豪華なので、いずれつぶれるのではないかと書いたところ、植草氏は、そんなことはないと言われた。

「ショー」は三年たらずで廃刊になった。編集長はフランク・ギブニーという人だった。このギブニー氏、もしかするとＴＢＳブリタニカの社長と同一人物ではないかという気がしていたが、確かめようがなかった。

こんど出たヘレン・ローレンスンという女流ジャーナリストの回想録を読んで、やはり同じ人物であることが判明した。「ショー」は八百万ドルの赤字を出して、廃刊になったと彼女は書いている。億万長者がはじめた雑誌で、ローレンスン女史が編集顧問のかたちで「ショー」に関係していたのである。

こういうことは当事者に会えば、すぐにわかるはずだ。私のように、活字ばかり追いかけているると、時間がかかる。

藤原恒太氏とアメリカの雑誌

さて、『ニューヨーカー短篇集』では、栗田明子さんからタイム・ライフのレターヘッドのはいった手紙をいただいた。当時、栗田さんはタイム・ライフ社支配人、北岡靖男氏の秘書だった。一度会いたいということで、私は栗田さんにはじめて会った。

初対面であっても、そんな気がしなかったのをおぼえている。栗田さんは『ニューヨーカー短篇集』をほめてくださったし、私は「タイム」や「ライフ」の読者だった。「タイム」と「ライフ」を発行するこの雑誌王国に大きな関心があった。

「現代ジャーナリズム選書」の一冊として、小鷹信光氏の訳で『ヘンリー・ルース』も出していた。私にとっては、ルースの世界はまさに王国だった。「タイム」の記者は取材費をどんどん使わないと、上役から文句を言われるという話を聞いていた。「タイム」の広告主を海外ジェット旅行に招待するという話も聞いた。

「サタデイ・イヴニング・ポスト」は廃刊か廃刊寸前にあったけれども、「ライフ」は部数を伸ばしていた。うかつにも、私は「ライフ」や「ルック」のようなマス・マガジンが病んでいたことをまだ知らなかったのである。また、「タイム」がヴェトナム戦争で編集方針を転換したことも知らなかった。

「タイム」のこの事件は昨年（一九七八年）、デーヴィッド・ハルバースタムが「エスクァイア」に書いた。それがこの春、本になる。[*1] しかし、「タイム」がヴェトナム戦争でタカ派からハト派に転じたことは、一九七〇年ごろ「ハーパーズ・マガジン」が詳細に報じている。

私がアメリカン・ジャーナリズムに関心を持ったのは、一つには「タイム」や「ライフ」の華々しさがあったからだろう。その数年前から、アメリカン・ジャーナリズムの内幕を伝える記事の翻訳が「総合ジャーナリズム研究」にときどき載っていた。

その翻訳者はいつも藤原恒太氏だった。私の知らない雑誌の記事を氏は紹介していた。藤原さんと知り合ったきっかけは、フレッド・フレンドリーの『やむをえぬ事情により…』である。この本の翻訳者が岡本幸雄氏に決まったあとで、早川書房にある日、藤原さんから電話がかかってきた。フレンドリーのものを訳したいということだったが、そういうわけで、ハヤカワ・ノヴェルズを一冊おねがいしたはずである。[*2]

藤原氏には前々から会いたいと思っていた。早川書房に訪ねてきた藤原さんは小柄だが、エネルギッシュな感じがした。驚いたのは、氏がアメリカの雑誌をたいてい航空便で読んでいたことである。「コロンビア・ジャーナリズム・レビュー」とか「バロンズ」とか、「アドヴァタイジング・エージ」をよく読んでいた。

藤原氏も私と同じように、雑誌が好きだったのではないかと思う。よく会うようになってからは、語りあう場所はたいてい銀座のイエナ書店だった。

そして、たいてい藤原さんのほうが先に来ていて、雑誌を買いこんでいた。「ニューヨーク・タイムズ」紙や日曜版付録の「タイムズ」書評誌が航空便で売り出されるようになったのは、私が早川書房を辞めてからのはずであるが、そのころ顔を合わせると、雑誌の値段が高いことを二人でぼやいたものである。それでも、「タイムズ」書評誌ははじめは一部五百円だった。現在は九百二十円である。

「現代ジャーナリズム選書」では、藤原さんの知恵を借りた。彼がゲイ・タリーズの『王国と権力』を訳すことになったのは、たしか「エスクァイア」か「ハーパーズ」か「アトランティック」に載った抜粋をいちはやく私に送ってくれたからである。タリーズが日本ではまだ無名のころだった。

栗田さんにふさわしい児童ものの仕事

栗田明子さんはその後ユニ・エージェンシーにはいって、いまや出版の世界では国際的な名士である。昨年のボローニャの児童図書のフェアでも、各国の出版人やエイジェント、著者を相手に活躍されていた。

私が親しくつきあった人たちは、ほとんどユニ・エージェンシーの人となっている。これは社長の宮田昇氏の人徳である。

栗田さんは一九七〇年、タイム・ライフ社を辞められた。どうしても出版の仕事がしたいかというのが、辞めた理由だったらしい。辞めて、すぐアメリカに行ったことをおぼえている。

栗田さんは勉強家である。一つのことに熱中するし、意志薄弱な私とちがって、かならず目標に到達する女性だ。もしもタイム・ライフであの「アナリスト」という雑誌を出していたら、きっと質の高い雑誌になっていたのではないかと思う。はじめは試行錯誤もあっただろうが、きっと「アナリスト」は成功したはずである。

彼女はつねづね日本と海外とをつなぐ仕事をしたいと言っていた。こういっては失礼にあたるかもしれないが、彼女の考えることは大きかった。私はけちなことしか考えないが、これは一つには小さな出版社でチマチマと仕事をしていたせいではないかという気がしている。

栗田さんは何しろ世界一大きなメディア王国にいたのだから、何ごとにもゆとりがあった。だから、私たちは話が合ったのかもしれない。会えば、かならず本の話になったし、彼女から教えられるところが多かった。

彼女が海外に出かけるたびに、私は帰国した彼女からお土産話を聞いた。小さいことであるけれども、アルフレッド・クノッフ社の正しい呼び方についても、彼女から教えられた。

クノッフ社ははじめクノップ社と呼ばれていた。私はクノッフとも言い、クノップとも書いていたが、あるとき、栗田さんが、それは正しくはクノッフだと言われたのである。アメリカの出版界はユダヤ人をはじめ、いろんな人種がはいりこんできてから、人名の呼び方が難しくなった。アルフレッド・クノッフはユダヤ人である。ついでながら、ユダヤ系の作家が一九三〇年代あたりから台頭してきたのは、ユダヤ系出版社の隆盛と無縁ではないはずだ。まずユダヤ人の出版社ができて、そのあとからユダヤ人の作家がぞくぞくと登場してきたのである。もちろん、ユダヤ人が小説で自己や民族の試練を語る機も熟していたが。

栗田さんがクノッフ社について詳しかったのは、日本の作家の短篇集出版で努力された結果だろう。いい出版社が好きだということもある。しかも、彼女は育ちがいいので、物怖じしない。どんなところへでも平然と飛びこんでいく。

タイム・ライフ社を辞めてすぐアメリカに行ったのも、栗田さんの物怖じしない性格である。そのとき、彼女はクノッフ社をはじめ、大手の出版社やブック・オブ・ザ・マンス・クラブなどの大物に会ってきた。その間の事情は、私も「未来」の連載[*3]で知ることができた。はじめて会ったときの栗田さんは、可憐な、頼りない感じがしたものである。小娘にしては、ずいぶんでかいことを言うなあと思った。

けれども、エイジェントとして苦労したのか、最近の栗田さんはちょっと近寄りがたい貫禄がついたし、十年前に言ったことを着々と表現しつつある。これも彼女がコツコツとやってきた結果である。児童図書は彼女にふさわしい。栗田さんが児童図書で成績をあげているという噂を聞いたとき、これは彼女にいちばんふさわしい仕事ではないかと思ったものである。

さしずめ、栗田さんこそいまはやりのキャリア・ウーマンである。しかし、彼女にそう言えば、怒られてしまうだろう。私自身にしても、キャリア・ウーマン、キャリア・ガールという言葉に一種のわびしさを感じている。華やかに聞こえるけれども、その実体がないのである。

大切な誠実さと〝馬鹿正直〟

栗田さんを通じて、私は現在ワシントンのタイム・ライフ・ブックス社にいる奥田康順氏を知ることができた。三年前、奥田さんはほとんど永住のつもりでアメリカに行ってしまったが、外資系の出版社では優しすぎるほどの人だったことをなつかしく思い出す。

翻訳とエイジェントの仕事は女性に向いているのではないかというのが私の持論である。早川書房時代、海外と直接取引をしていて、相手のエイジェントはたいてい女性だった。十年前にアメリカに行ったときに会ったエイジェントも女性だった。

翻訳の場合も、最近は女性の進出がすごい。柄にもなく私も翻訳を若い人たちに教えてみて、女性のほうが進歩がはるかに早いことを知った。このところ、エンターテインメントの翻訳では、新人はほとんど女性である。男は残念ながら非常に少ない。

栗田さんはエイジェントのかたわら、翻訳もやっている。それもまた彼女の夢なのだろう。本当はエイジェントはエイジェントとしての仕事に専念したほうがいいにきまっている。しかし、現実にはそうはいかない。いま、たとえばアメリカの本について、いちばん勉強しているのは、編集者とエイジェントである。彼らは実力を持っている。

栗田さんも児童文学についてはじつに詳しい。宮田氏が児童文学に明るいのだから、彼女にとっては便利であり、仕事の上でもきわめて有利である。

児童図書をライフ・ワークとする栗田さんにとって、翻訳も一つの仕事である。「でも、私はユニの一員ですから」と、よく彼女は私に言う。

ボローニャで私は栗田さんの写真を何枚かとった。彼女が一人でいることはめったになく、日本人といっしょにいることも少なかった。つねに、外国人が彼女につきまとっていた。それは彼女の成長であり、実力だったので、私は感嘆しないわけにはいかなかった。ボローニャでは、栗田さんはまちがいなくあのブック・フェアの中心の一人だった。

出版では、いちばん大切なことの一つは誠実であると思う。栗田さんには、その誠実があるし、それには馬鹿正直すぎるのではないかという気がすることもある。あまり駆け引きをしない。それはユニ・エージェンシー全体について言えることである。そして、私が翻訳出版について語るとなれば、どうしてもユニの話を持ち出さなければならない。

昨年秋の「パブリッシャーズ・ウィークリー」誌の日本特集で、タトル商会とユニ・エージェンシーが対等に並んでいた。数年前の日本特集のときは、ユニの扱いは小さかった。この数年のあいだに、ユニ・エージェンシーが伸びたのである。これはユニ・エージェンシーの馬鹿正直な商法が理解されたのだと思う。

はじめに紹介したヘレン・ローレンスンという女流ジャーナリストも馬鹿正直である。彼女のメモワールが面白いのは、自分の体験をかざりたてずにあけすけに書いているからだ。彼女と「ヴァニティ・フェア」で同僚だったクレア・ブースはヘンリー・ルース夫人という玉のコシに乗った。クレア・ブース・ルースは生年もはっきりさせない、自分をかくす女性である。ヘンリー・ルースも、そして夫人も権力志向の強い人だった。それだから、雑誌王国を築きあげることもできたのだろうが、いまそのようなメディアの責任が問われているのは、なんとも皮肉な現象である。

その意味で、「タイム」が今年（一九七八年）の「マン・オブ・ザ・イヤー」に鄧小平をとりあげたのは興味深い。「タイム」ほど蔣介石をカバー・ストーリーにとりあげた雑誌はなかったのだから。

　ローレンスン女史の回想録が翻訳される機会はまずないだろう。それもやむをえない。私一人で面白がっているところがある。編集者をやめてから、私は自分の好みで本を読むようになった。いまは探偵小説も心おきなく読むことができる。

　エイジェントも編集者も自分を殺すところがある。自分の好きな本が売れれば、これにこしたことはないけれども、そうはいかない。出版はやはりギャンブルに近いのだろうか。栗田さんに会っていると、十年前のことが昨日のように思い出される。彼女に会ったころから、私は早川書房を辞める気になった。栗田さんに会い、奥田康順氏に会っているうちに、出版の世界が思っていた以上に広いことを実感できたのである。

　くよくよしてもはじまらないと思うようになっていた。あのころ、銀座のバーで、栗田さんがどれだけ私を励ましてくれたことか。暑い夏だった。

＊1　『メディアの権力』を指す。
＊2　アレン・R・ドッド『豊かな地位を求めて』（ハヤカワ・ビジネス・ノヴェルズ）。
＊3　「アメリカの出版界」と題し、一九七〇年十二月号から七三年二月号にかけて十七回掲載。改稿のうえ、赤石正『アメリカの出版界』（一九七四年、出版同人刊）に収録されている。

おりること、断わること

ものごとはなんでもそうだろうと思うが、断わったり、おりたりするほうが大切であり、賢明であることもある。ハヤカワ・ノヴェルズやハヤカワ・ノンフィクションが軌道に乗ってきたとき、私はそのことに気がついた。版権を取得するよりも、いかに断わり、おりるかということである。

版権取得の際の判断基準

ただ、私の場合は競争相手がいなかったので、断わったりおりたりすることに、それほど神経を使うことがなかった。版権料をできるだけ安くおさえるのが早川書房の基本方針でもあった。翻訳権の争奪戦に加わって、高額で競り落とすのは、さぞ気持がいいだろう。と当時、私は馬鹿なことを考えたものである。けれども、版権料が高ければ、あとが大変である。

私の知るかぎりでは、おりるのがじつにうまい編集者が二人いる。一人は翻訳出版ではベテランで、ベストセラー作りのうまい人だ。しかも、その人——かりにA氏ということにしておこう——は映画化とかTV化におんぶするという、他力本願ではなく、二冊のアメリカの小説を記録的ベストセラーにしている。

これは抜群の手腕であるし、本だけの力でベストセラーにしてしまうのは素晴しいことであるが、しかし、A氏の成功はおりるのがうまいことにもあると私は思っている。A氏のおりた本が三社か四社のあいだで争奪戦になったけれども、その本の翻訳は結局売れなかった。本そのものに力がなかったからであるが、それを見抜いたA氏の判断力は確かである。

かりに私が同じ立場におかれたら、その本の著者の過去の実績にかかずらって、たぶん的確な判断が下せないだろう。まして、他社が狙っているとなれば、いっそう執着するところだろう。自社で出した翻訳ものがベストセラーになり、同じ著者が新作を書いて、それが自分のところへ送られてきたのであれば、まず問題なく、新作の版権を取るはずだ。

当然、その場合、翻訳権のアドバンスは高くなる。他社も折あらばとそれをさらうチャンスをうかがっている。こういうときに、その新作がつまらないと内容を見きわめて、おりるのは、勇気を必要とする。

つまらないという判断はついても、おりるのはまた別問題である。それでも、A氏はなんどかおりて、そのつど成功している。これはよほど自信がないとできない。A氏がおりたことによって、他社がババをつかませられる。

要するに、翻訳権を取るか取らないかは、本の内容いかんである。自分で読んでみることである。信頼できるリーダーに読んでもらうことである。そうして、あくまでも、最終的には自分で判断するのである。

何を偉そうなことを書くかと言われるのは承知している。しかし、私自身は、宣伝や書評に釣られて、大いに判断をあやまったから、そのようなことを申しあげるのである。書評がいいからとか、映画になるからといった理由で、翻訳権を取った経験――が、私には数多くある。ベストセラーになっているからという口実もあった。

原著者に電報で訳語を確かめる

私の知るもう一人の編集者、B氏はじつに思い切りがいい。A氏より若くて、翻訳出版の経験も浅いのだけれど、版権料が本に見合ったものでなければ、いともあっさりと諦めてしまう。B氏はまた、本の内容がよくても、それにふさわしい翻訳者がいなければ、やはりおりてしまう。

B氏は、過去にどうしても売れなかった作家のエッセー集をロングセラーにしてしまった。

そのエッセー集の翻訳が見事だった。その作家の書くものはユーモアがあったのだけれど、それまでに邦訳された作品には、そのかんじんのユーモアがなかった。

B氏と翻訳の話をするのは楽しい。私はいまでもアメリカの本をかなり注文するので、届いた本について、B氏に自慢する。B氏は苦笑いしながら、私の話を聞いてくれる。翻訳ものを手がけている編集者はたいてい新刊の情報を集めるのに、じつに熱心である。そうでないといけないのであるが、この点は昔もいまも変らない。私も早川書房時代は、翻訳者の方々から、本についての話をうかがうのが楽しみだった。

先日、亡くなられた田中西二郎《せいじろう》氏のお通夜で、宇野利泰、大久保康雄、中村能三、橋本福夫の四氏に久しぶりにお会いできたのであるが、とくに宇野、大久保、橋本の三先生からは、早川書房時代……折にふれて、いろんなお話をきいている。

宇野氏は、辞典を引く楽しみで翻訳すると言われたことがある。わからないことがあって、宇野さんに電話で問い合わせると、懇切丁寧に教えてくださる。その場合、宇野さんは辞典の名をいろいろあげて、説明される。

大久保氏からは、何かの機会に、戦時中のことをうかがった。何もすることがなくて、ヘンリー・ミラーを訳していたよ、と大久保さんは言われた。そのとき、深く感動したことを私はいまだにおぼえている。戦時中にミラーを訳すことがどんなものであったかを想像すると、私は、自分が恵まれすぎた時代に生きているると思わないわけにいかない。

ヘンリー・ミラーは、原書で読んだことはあまりないが、そのかわり、大久保氏の訳で読んでいる。

大久保さんは、故人となった田中西二郎氏の若いころの話もよくしてくださった。田中さんはエピソードの多い人だったらしい。

早川書房に入社してまもなく、私はすぐグレアム・グリーン選集の編集を担当させられて、その第一回配本が田中西二郎訳の『ハバナの男』だった。

田中さんはコクヨの小さな四百字詰の原稿用紙を使用されていて、字がきれいだった。そのころは暇だったので、原書と照らし合わせながら、田中さんの翻訳を読んでみて、丹念で正確であることがわかった。これは翻訳の勉強にもなったと思う。

『ハバナの男』は、はじめは「ハヴァナの男」だった。下版寸前になって、田中さんから、スペイン語表記はBなので、「ハバナ」にしてくれという申し入れがあったのである。また、作中の「キャプテン」が「署長」になっていたが、これも「大尉」となおされた。グリーンに電報を打って確かめたのだった。電報代は自分が負担するから、と田中さんが申し出られたのを記憶している。

橋本福夫氏は、私はサリンジャーの『危険な年齢』の訳者として知っていた。のちに、『ライ麦畑でつかまえて』で出たサリンジャーのこの小説は、早川書房に入社する以前の私の愛読書だった。

橋本さんはそのようにパイオニアだった。ジャーナリスティックな感覚の鋭い人である。早川書房の黒人文学全集にしても橋本さんの企画だった。しかし、一方ではアメリカ文学の傑作を着実に翻訳されている。それも、誰も手をつけなかった傑作である。

あるとき、橋本先生は私に言われた。きみは僕の企画が売れないと思っているようだが、僕が昔に訳したものでいまでも売れている本があるんだよ。

確かにそのとおりである。しかし、橋本さんの企画されるものは、地味なのが多かった。黒人文学全集にしてもそうであるが、しかし、それがいまになっていっそう光を放っている。橋本さんは文学者としてすぐれている人だと私は思う。

田中さんのお通夜の席で、橋本さんが言われたことであるが、橋本さんがはじめてもらった原稿料は、中央公論社からであったという。その翻訳の原稿料を渡してくれたのが、田中さんだった。

『誇り高き塔』での苦い思い出

早川書房をやめて、今年(一九七九年)で十年になる。この十年のあいだに、翻訳出版は急速な伸びを見せた。十年前、アメリカ出版界は、私にとって高嶺の花に見えたけれども、いまはそうでもない。

「パブリッシャーズ・ウィークリー」誌のベストセラー・リストを見ると、バーバラ・タックマン女史の『遠い鏡』が首位にある。「遠い鏡」という訳が正しいかどうか、原書を読んでいないので、心もとないが、いずれ翻訳が出るだろうし、そのときはタイトルも正しい訳になっているだろう。[*1]

タックマンについては、苦い思い出がある。いまでもときどき、あの原稿はどうなっているのだろうかと思うことがある。二百字詰の原稿用紙にしたら、おそらく一メートル以上の高さになるだろう。

タックマンの名は、『八月の砲声』で知った。山室まりや氏の訳で、筑摩書房から上下二冊で出たのを私は読んでいる。面白いけれども、おそろしく長いノンフィクションだった。『八月の砲声』の続篇(ただし、時代は『八月の砲声』の時代の前にあたる)である『誇り高き塔』は、当然、筑摩書房が版権を取るものと思っていたら、某社がさらっていってしまった。早川書房もタックマンに少しは関心を示したのであるが、現在のように翻訳ものなら何でも出すという方針ではなく、もっぱら娯楽ものに限っていたから、『誇り高き塔』の版権の行方を見まもっていた。

某社は、当時としては破格の版権料を払って、『誇り高き塔』を獲得した。けれども、事情があって、いまから十年前、その某社の編集者が早川書房で出さないかと言ってきたのである。翻訳者は山室さんである。翻訳はとうに完成していた。そこで、某社の編集者はとにかく本にしたくて、私に言ってきたのだと思う。翻訳権のアドバンスの肩がわりはしてもらわなくてもいいということだった。

編集会議にはかったところ、そういう条件であるならば、『誇り高き塔』を出そうということに決まった。『誇り高き塔』が傑作であることは誰しも認めるところであるが、このような大作が売れるかどうか、早川書房の誰にも自信はなかった。むしろ、売れないほうの公算が強かった。上下二冊として初刷が、上巻は三千部か四千部、下巻は二千部か三千部というのが、私の計算だった。

もちろん、ハヤカワ・ノンフィクションの一冊として出すのである。このシリーズのなかに、タックマンがはいると、かなり異様にうつることも覚悟していた。

しかし、エイジェントのほうから、待ったがかかった。早川書房がタックマンを出すのであれば、新たにアドバンスを払え、とそのエイジェントは言うのである。エイジェントは海外の権利者を擁護することで知られていた。

早川書房には、新たに版権料を払ってまで、『誇り高き塔』を出す意志はなかった。それではリスクが大きすぎるし、何よりも本にするのが、原著者のためではないか、と私は思った。それで、私は、本を出してみて、その結果、印税を払うことができるのであれば、そうしようとエイジェントに言った。

そのエイジェントはあくまでもアドバンスの支払いに固執したので、早川書房もタックマンの出版を断念せざるをえなくなった。翻訳出版はいったんケチがつくと、なかなかうまくいかないものだ。

タックマンの『誇り高き塔』はいまだに眠ったままである。そして、この十年のあいだに、翻訳権が消滅してしまった。*2

ベストセラーの可能性は三度あるはず

山室さんの『八月の砲声』の翻訳が立派なものであっただけに、『誇り高き塔』の日の目を見ないのが、私には残念でならない。それにしても、タックマンの本がもう少し短かったらと私は失礼なことを考えてしまう。アメリカの著者が五百ページや六百ページの本ではなく、翻訳してせいぜい五百枚程度の長さのものを書いてくれたら、どんなに翻訳出版が楽になることだろう。

ダイジェストにすればいいではないかという意見が出るかもしれない。つまらない本だったら、それも可能だろう。しかし、すぐれた作品になればなるほど、全訳が望ましくなってくる。

ある翻訳者は、私が翻訳を依頼すると、にやにやしながら、訊いたものだった。

「短いですか？　パラパラしたものですか？」

ページ数が少なくて、改行が多い小説は翻訳も楽である。事実、改行の少ない文章は、翻訳者にとって、見ただけでうんざりするものである。そういうものをやるとなると、いかに気に入った作品であっても、溜息が出てくる。

ただ、編集者ばかりでなく、翻訳者にとっても、断わったりおりたりすることが大事になってきている。これでも、私はある小説の翻訳を数年前に断わったことがある。読んでみた結果、興味を惹かれなかったからであるが、なんと、その小説の翻訳はベストセラーになった。

口惜しくなかったと言えば、嘘になるが、私には縁がなかったのだと諦めている。翻訳稼業も水商売である。ある人の説によると、翻訳者には、自分の訳がベストセラーになるチャンスは三度あるという。

だとすれば編集者にも、自分の編集した翻訳ものがベストセラーになるチャンスは少なくとも三度あるはずである。根気よく、真面目にやっていれば、三度だけではないと思う。

翻訳ものの成功不成功は、編集者の力に負うところが大きい。翻訳出版では編集者がじつは主役ではないかと私は思っている。そのような時代が来てしまったのである。といっても、けっして編集者を過大評価しているわけではない。

早川書房にいたころ、私は熱心に「パブリッシャーズ・ウィークリー」誌を読んだ。いまはそれほどの熱意がない。年齢のせいだろうが、どうも新刊に対する自分の眼が信用できなくなっている。そのためか、書評をよく読む。書評ではもうおそいことを承知しているが、「ＰＷ」を読んでも、しょうがないという気もしているのである。「ＰＷ」でいい新刊を見つけても、その新刊の版権はとうに売れているというのが、実状だからである。

翻訳権の勝負が早くなった。したがって、翻訳者のほうも、早く仕事を片づけなければならない。いまは翻訳者の端くれである私もウカウカしていられないのだ。このように仕事がおそくては、あとにとりのこされてしまうばかりである。いや、もうとりのこされているのだろう。

翻訳出版についてあれこれ言うときじゃないんだ、と私は思わないわけにいかない。

＊1　邦訳『遠い鏡――災厄の14世紀ヨーロッパ』は、二〇一三年、朝日出版社刊（徳永守儀訳）。
＊2　『誇り高き塔』は新たな翻訳により、一九九〇年に筑摩書房から刊行された（『世紀末のヨーロッパ――誇り高き塔・第一次大戦前夜』大島かおり訳）。

小さな巨人の存在

ヴィヴィアン・リーの伝記が面白かった。ローレン・バコールの自伝も、A・E・ホッチナーの書いたソフィア・ローレンの自伝も読ませる。モンゴメリー・クリフトの伝記も読みごたえがあった。

ハリウッドのスターの自伝や伝記は、ひと昔前とちがってきたように思われる。ひとことでいうなら、きれいごとではもう読者は満足しないということだろう。かつて書かれたグレタ・ガルボの伝記にしても、エロール・フリンの自伝にしても、かんじんのところが書いてなかった。そのかんじんなところが何であるかはわからなかったけれど、逃げているということがわかったのである。

ヴィヴィアン・リーの伝記など、凄絶な感じがする。ローレン・バコールもソフィア・ローレンも真実を語っているところを納得させる。ヴィヴィアン・リーの伝記[*1]も、またローレン・

バコール[*2]もソフィア・ローレン[*3]も翻訳が出ると聞いているが、当然だという気がする。

翻訳されないのはウェスタンものだけ

アメリカ製のエンターテインメントで翻訳されないのはハリウッドのスターものとウェスタン（西部小説）ではないか、と私はかねがね思っていた。例外として、チャーリー・チャップリンの自伝がある。ウェスタンでは、ジャック・シェイファーの『シェーン』（清水俊二訳、早川書房）だけだろうか。

もうエンターテインメントであれば、ほとんど翻訳されてしまう、そういう時代が来てしまった。未開拓の分野はウェスタンだけである。私が早川書房に勤務していたころ、ダブルデイ社のウェスタンのシリーズが送られてきたけれども、私のほうははじめから諦めていた。

ウェスタンはすでに昭和二十年代にシリーズとして何冊か出ているし、アラン・ルメイの『許されざる者』は翻訳（新潮社）がある。ウェスタンのシリーズは二、三社が出したはずであるが、いずれも失敗に終り、それが原因になったのかどうかはわからないけれど、出版社までが姿を消してしまった。

ミステリーの翻訳が成功し、翻訳もののＳＦが故福島正実の努力によって定着したいま、ウェスタンだけがとりのこされているのは、不思議である。早川清氏も一時、日本ではウェスタンはだめなのかね、と言っていたことがある。

やはり、ウェスタンは映画のほうがいいのだろうか。映画のウェスタンそのものが変ってしまったので、昔のウェスタンの小説は通用しないのか。不幸にして、ＳＦや探偵小説とちがい、ウェスタンには読み手がいない。ウェスタンの映画の研究家や実録の研究家はいても、ウェスタンの小説を好んで読むという人がほとんどいなかった。私の知るかぎりでは、翻訳家の三戸森毅（三田村裕）氏一人である。

三戸森さんは「ＳＦマガジン」の創刊にあたって、編集実務で福島正実をたすけた人である。はじめは、私に手伝わないかという話が福島さんからあった。私はそのとき逃げたのであるが、そのとき、この話を引き受けていたら、どうなっていたことだろう。私はもともとＳＦが苦手だったのである。

早川書房にはいる数年前、私は少年もののＳＦの下訳をした。そのＳＦがじつは私にはちっとも理解できなかったので、それ以来、ＳＦを敬遠するようになったらしい。アイザック・アシモフの『裸の太陽』というのを一冊訳しているし、「ＳＦマガジン」でも二、三本の短篇を翻訳しているが、結局、ＳＦにはなじめなかった。アシモフの作品にしても、都筑道夫氏の下訳でやったのである。

『裸の太陽』ははじめ講談社から出た。そのときの訳者は都筑氏である。*4 それが講談社で絶版になり、早川書房が新たに版権をとったとき、都筑氏からお話があって、私が改訳した。

私にとって最高の教師だった

ウェスタンに福島正実のような情熱家がいたら、あるいはウェスタンの翻訳がシリーズとして出るようになっていたのではないかと空想することがある。もちろん、これはあくまでも空想にすぎない。

ハヤカワSFをはじめたときは、まさに福島さんの孤軍奮闘だったし、「SFマガジン」の創刊時も孤立無援だった。ハヤカワSFはめったに新聞広告をしなかったが、それでも福島さんは平然としていた。けっして愚痴もこぼさなかった。本は広告の力を借りなくても、売れるものは売れるし、売れないものは売れない、と福島さんは割り切っていたようである。

SFはいずれ日本に定着していたかもしれない。映画のほうからブームが小説に及んできていたかもしれない。そうではあっても、翻訳SFにおける福島正実の存在は大きかったと思う。福島さんはSFの翻訳者であったし、評論家であったし、また作家でもあった。そして、SFのプロモーターだった。この功績がいちばん大きかったと思っている。しかし、SFにおける福島さんについて、私ごときが口出しすべきではないだろう。

福島正実は私にとって上司であり、翻訳の師だった。翻訳の手ほどきを私にしてくれたのは中田耕治氏である。中田さんを知ることがなかったら、私は翻訳の仕事と無縁であったかもしれない。

商品になる翻訳を教えてくれたのは、じつに福島さんである。私の名前で出た最初の翻訳はハヤカワ・ミステリの一冊であるガードナーの『腹の空いた馬』だが、これは福島さんが徹底的に赤字を入れたものである。中田氏の紹介で私が翻訳することになったのであるが、出来あがった原稿は、私も自信がなかったし、福島さんも大いに不満だった。

私は三か月か四か月、毎日のように早川書房に通って、午前中、福島さんに訳稿をなおしてもらった。これは辛いけれども、貴重な勉強になったし、自信もついた。

いまでも思うのであるが、福島さんは教師に向いていた。私にとっては、翻訳の勉強をする上で、福島さんは最高の師だった。福島さんには、手とり足とりといったところがあった。福島さん自身、教えるのが好きだったのではないかという気がする。ただ、その場合、教わるほうは謙虚であらねばならなかった。たぶん、福島さんは失業中の私を憐《あわ》れに思ったのかもしれない。どうも私には『腹の空いた馬』のように、憐れを誘うところがあるのではないか。

身体の内部で何かが爆発していた

上司としての福島さんは寛大だった。突っかかってくる相手に対しては、福島さんは敵意をあらわにしたけれども、部下には優しかった。私をはじめとして、手下どもは彼の超人的な仕事ぶりに、いつも怖れをなしていたのである。編集者としても、執筆者としても桁外れの仕事をする人だった。とくに執筆活動はとても凡人の及ぶところではなかった。

福島さんの出社はたいてい十時半ごろだった。彼は午前中にデスク・ワークをすませ、正午になると、近所の喫茶店に行って、原稿を書いた。一時間で五、六枚は書けたらしい。午後五時半以降も、まっすぐ家には帰らないで、やはり喫茶店で仕事をしたと聞いている。それも八時か九時まで原稿を書いて、それから酒を飲んだという。

そこまでだったら、私も努力すれば可能だったかもしれない。しかし、福島さんは酒の酔いをサウナでさまし、帰宅して、また仕事をつづけたのである。それが朝の三時か四時までつづいたというらしい。万年筆を持ったまま、机にうつぶせになって眠っていたこともある。睡眠は小刻みにとっていたらしい。

いっしょに電車に乗って、空席があると、福島さんはよくゲラ刷を鞄からとりだし、しばらく目を通してから、そのゲラ刷をしまって眠ってしまった。私は、福島さんといっしょに電車に乗って、話をしたという記憶がほとんどない。立っているときは、たいてい彼は何か読んでいた。会社ではよく話をしたが。

また、福島さんが米の飯を食べるのを見たことがない。ご飯を食べるんですか、と訊いたことがある。ラーメンを食べても、もっぱら彼はスープをすするだけだった。

福島さんは時間が惜しかったのだと思う。早川書房でも、私のようにぼんやりさぼっている福島さんを見たことがない。福島さんの紹介で、私もよく原稿を書いたが、私は例によって締切によくおくれた。福島さんは苦笑するだけで、私に小言は言わなかった。

病気になってからも、福島さんは一年に四千枚以上書いていていたと聞いた。早川書房に勤めながら、毎年五千枚は書いていたはずである。小さな身体が全身エネルギーのかたまりだった。

福島さんの字はけっしてうまいとはいえない。いわゆる金釘《かなくぎ》流であったけれども、力にあふれていた。力いっぱい書いているという印象をうけた。福島さんの内部でたえず何かが爆発しているという感じだった。

私は「ＳＦマガジン」の編集前記を毎月楽しみにしていた。澄んだボーイ・ソプラノを聞くようだった。一歩一歩、ＳＦという未踏の山を登っていく趣があった。彼の告白があり、感動があった。あの編集前記は、福島さんが書いたもののなかでもベストにはいるのではないかと私は思っている。

つまり、福島さんは編集者としてすぐれていたのである。翻訳ものの探偵小説やＳＦ誌が何誌か出たけれども、編集前記の素晴らしさは福島正実のがいちばんである。

福島さんが亡くなったとき、たまたま私は彼の短篇集の文庫の解説を書くことになっていた。私は気持の整理がつかないで、迷いに迷っていた。そうして、やっと、私は、福島さんがつねに血路をひらいてきた人だということに思いあたったのである。彼は翻訳者としても編集者としても血路をひらいてきた。彼にとって、ＳＦがまさにそうだった。

早川書房の編集会議では、福島さんはいわばデシジョン・メーカーだった。企画の是非については、彼が事実上の決定を下していたのである。早川氏も福島さんの判断力を信頼していた。ハヤカワ・ミステリの題のつけ方も、たいてい福島さんの決定だった。その点、部下のほうとしては、気が楽だった。

無類の頑張り屋で仕事一途だった

福島正実の翻訳では、私はアンドリュウ・ガーヴの『ヒルダよ眠れ』（早川書房）が好きだ。翻訳者としての福島さんの出世作ともなった作品であり、評判もよかった。ガーヴは、福島さんにとって翻訳開眼の小説ではなかったかと思う。「とはいえ」とか「とまれ」、「紛うかたなき」といった表現は、それまでの翻訳小説にあまり見かけなかったのである。

福島さんについては、私はほんの少ししか知らない。うかつな話であるが、あらためていまそのことに気がついている。早川書房に勤務中は、毎日顔を合わせていたのに、おたがいに会社をやめてからは、どちらも仕事がいそがしくて、会わなくなってしまった。私のほうがご無沙汰してしまったのである。福島さんの発病は寝耳に水だった。

中田耕治氏が福島氏に私を紹介したのは昭和三十二年（一九五七）か三十三年である。場所は神田駅の近くの喫茶店だったかもしれない。第一印象は小柄な人だということだった。こわい人だとも思った。たしかにこわい人だったけれども、頼ってくる人間にはじつに親切な人だった。そして、私は、とてもかなわないとも思った。

福島さんは仕事を正当に評価してくれる人だった。自分の仕事がうまくいっても、けっして自慢しない人だった。ハヤカワＳＦが百二、三十点まで出たところで、全点増刷になったのであるが、福島さんはべつに得意そうな顔をしなかったのをいまでもおぼえている。

むしろ、やれやれといった表情だった。仕事に人一倍情熱を燃やしても、仕事が終ったあとで、福島さんにはつねに空しさがあったのではないか。幻想を抱いたりすることはなかったという気がする。

早川書房をやめてから、福島さんは小説を書くことが多くなった。私のほうは探偵小説からはなれていった。探偵小説が仕事でなくなって、かえって探偵小説を楽しく読むことができるようになった。

福島正実が私にとって何であったかといえば、私を知りつくしていた人だということである。私のいいところも悪いところも私の可能性も（あるとすればであるが）限界もことごとく福島さんは知っていた。福島さんには男を見る目があったと思う。その上で、私を育ててくれたのである。

ただ、私はいまだに福島さんを冷静な気持で見ることができない。いまだ、早川書房の旧社屋で、私の原稿に赤鉛筆で手を入れていた、ベレー帽をかぶっている福島さんの姿が目の前にうかんでくる。あれが、私の翻訳者としてのスタートだったのだと思う。あれは根くらべのようなものだった。福島さんはたぶん私をためしていたのだろう。しごきである。

福島さんは無類の頑張り屋だった。リアリストだった。仕事一途だった。遊びを知らなかった。酒が強かった。女に優しかった。文学青年だった。整理好きだった。しっかりしていた。そういうことがいま懐かしく思われる。

あるとき、福島さんは私にしみじみ言った。若かったとき、もっとお金があったらなあ。おそらく、そこで福島さんと私の気持がつながっていたのではないか。若いときの貧乏が福島さんと私を結びつけたのではないか。

作家としての福島さんについては、ほかに語る人もいるだろう。翻訳者としては、福島さんは自分の好きなものを訳した幸福な人である。そう言っても間違いではないはずだ。すべては彼が企画したものであったからだ。

福島正実は、私にとって、小さな巨人だったのである。

＊1　アン・エドワーズ『ヴィヴィアン・リー』一九八〇年、文藝春秋刊（清水俊二訳）。
＊2　ローレン・バコール『私一人』一九八四年、文藝春秋刊（山田宏一訳）。
＊3　A・E・ホッチナー『ソフィア・ローレン——生きて愛して』一九七九年、講談社刊（坂口智彰訳）。
＊4　伊藤照夫名義。一九五八年刊（サイエンス・フィクション・シリーズ）。

残りものを探すべき時代

「ニューヨーク・タイムズ」紙の日曜版は火曜か水曜日に航空便で届く。それが三千八百円だから、ずいぶん高い。しかし、この日曜版には、書評誌と「タイムズ・マガジン」がはいっているので、私などはつい買ってしまう。とくに、最近の「タイムズ・マガジン」は出版関係の読物がよく出ている。

これは見逃すわけにいかない。カポーティのアル中は「タイムズ・マガジン」で知ったし、ノーベル文学賞をもらったアイザック・シンガーや、ジョゼフ・ヘラーのインタビューも載った。

そのほか、「インターナショナル・ヘラルド・トリビューン」紙には、ジョン・レナードやクリストファー・レーマン＝ハウプトなどの書評が掲載されている。

最近は、私はもっぱら「ニューヨーク・タイムズ」書評誌などの書評を、「パブリッシャーズ・ウィークリー」より熱心に読む。私が「PW」を読んでもしょうがないと思うようになった。

「パブリッシャーズ・ウィークリー」の春秋のアナウンスメント（新刊予告）を読んだって、もう間に合わないんですね、とある編集者が私に言った。興味のある本をエイジェントに問い合わせてみると、翻訳権がすでに売れてしまっている。

二足のワラジで知識をつめこんだ

そのかわり、ベストセラーでも質の高い長大な歴史ものなんかの翻訳権がなぜか売れ残る。ベストセラーの小説なら版権料は高騰するけれども、地味なノンフィクションは買い手がつかない。

その編集者は私に言った。そういういい本は良心的なX社で出すといいんですがね。しかし、X社はまったく興味を示さなかったそうである。

たぶん、翻訳ものは小説のほうが読みやすいという事情があるのだろう。翻訳も小説のほうが多少の例外はあっても、楽である。私も翻訳者として小説を訳したいのであるが、このところノンフィクションばかりだ。そのほうがやりがいもあるのだが、仕事はしんどい。ノンフィクションと小説を交互に翻訳すると、精神衛生にもいいのではないかと思う。

そもそも、ノンフィクションの魅力にとりつかれたのは、アラン・ムーアヘッドの『白ナイル』を読んだときである。この傑作は、もしかしたら、早川書房から出たかもしれないことは前に書いた。

『白ナイル』は翻訳で読んで圧倒されたのである。この一冊を読まなかったら、そして、一九二〇年代のアメリカに興味を持たなかったら、私はノンフィクションに無縁だったかもしれない。

早川書房に勤務しながら、私はいろんな原稿を書いた。主として翻訳である。それで、いつもやましいという気持があった。しかし、原稿を書かなければ、とても生活できないという、やむをえない状態だった。

つまり、二足のワラジをはいていたのであるが、翻訳出版が今日のように盛んでなかった時代には、企画する上で、こちらも翻訳者であったほうが、好都合だったのではないかと思う。翻訳と雑文でいろんなペンネームを使った。数えきれないほどで、おしまいには、外人の名前も使用している。ダンヒルとかベンツとか。

原稿を書きながら、勉強させてもらったのである。翻訳ばかりしていると、原文がないと、ものが書けなくなる。原文がそばにないと、不安になってくる。

私は情報を集めるのが好きだった。それで、「パブリッシャーズ・ウィークリー」は私のバイブルになったし、「ニューヨーク・タイムズ」書評誌や「タイム」(プレス欄)、「ニューズウィーク」（メディア欄）の両誌の書評欄にも目を通した。早川書房の十年はそういうものを読むことで過ぎていったといってもいい。

その結果、どうでもいい知識をためこんでしまった。それがいま役に立っている。

シリーズものの企画をいまでも考えている

早川書房に勤務した十年間に、早川書房から私は訳書を四冊出してもらっている。一冊がハヤカワ・ミステリ、ハヤカワSFが一冊、それにハヤカワ・ノヴェルズとノンフィクションがそれぞれ一冊ずつ。もっと翻訳するチャンスはあったけれど、もともと怠け者だから、四冊で精一杯だった。

まだハヤカワ・ノヴェルズが出ていなかったころ、ハヤカワ・ミステリを年間に六冊も訳した人がいた。毎年、そういう翻訳者が二、三人はいた。しかし、六冊も訳すと翌年はたいてい仕事の量が減ってしまった。

探偵小説は短いので三百枚、長いので五百枚から六百枚である。三百枚でも二か月に一冊というのは、ちょっと苦しいのではないか。二か月かけて翻訳するということはできる。それを一年もつづけるというのが辛いのである。

仕事が調子に乗ってくれれば、二十枚から三十枚の翻訳は可能である。はじめは遅々としてすすまなくても、毎日辛抱強くつづけているうちに、翻訳の仕事が楽しくなってくる。そうでもなければ、こんなに辛気くさい仕事はつづけられないだろう。

早川書房をやめてから、私は翻訳者の看板をかかげたが、けっして多くはない。むしろ、恥かしいほど少ない。雑文ばかり書いてきたためでもある。つまらない雑文を書くのが好きなのだから、困ったものである。

自分では興味を限定しているつもりだし、視野もせまいと思っているが、他人から見ると、私は気が多いらしい。マフィアについても、「ニューヨーカー」についても知ったかぶりのことを書くからだろう。

しかし、マフィアも「ニューヨーカー」も早川書房で学んだのである。私がただ翻訳ばかりやっていたら、ハヤカワ・ノヴェルズやハヤカワ・ノンフィクションの企画などとてもできなかったはずである。いい悪いは別として、早川書房で企画編集した人はみな、夜おそくまで原稿を書いていた。都筑道夫氏しかり、福島正実氏しかり。私も企画をよくたてて、編集会議に出したけれども、私の企画は通らないほうが多かった。どこか抜けていたのだろう。

いまでも、仕事がいやになると、実現しそうもないシリーズを考えていることがある。売れようが売れまいが、そういうことはあまり頭にない。注文した新刊がたまっていくと、そのうちの何冊かが一つにまとまって、シリーズを形成するのである。

たとえば、アメリカの新しいジャーナリストの書くものに注目して、その人たちの作品を集めていくと、おのずから一つのシリーズができあがってくる。二十冊あるとすれば、そのうちの六冊でまとまったシリーズが作れるように思う。したがって、一つのシリーズ企画ができあがるまでに二年か三年はかかる。

もう編集者ではないのだから、私はあたえられた翻訳だけすればいいのである。それをさぼって、夢のようなことを考えても、仕方がないのである。翻訳にはげめば、一本道であるから、余計な心配をしないですむ。翻訳に専念できたらどんなにいいだろうと自分でも思う。

すぐれた仕事をした〝まとも〟でない翻訳者

早川書房に十年いて、早川書房をやめてから今年で十年になる。十年勤続しただけで、翻訳出版の編集について書くのはおこがましい話である。そのことはよくわかっているつもりであるが、早川書房の十年が楽しかったことを書いてみたかった。私は早川書房で出版の世界の魅力を知った。

翻訳出版で誰がいちばん楽しんでいるかということについて、私は、それは編集者であると指摘しておいた。これは私がかつてまがりなりにも編集者であって、いまは翻訳者であるからだと思う。

翻訳出版専門の出版社に勤務しながら、自分も翻訳するというのは、翻訳出版そのものが未熟だったからではないのか。現在は、私のように二足のワラジをはいている編集者は少ないはずである。早川書房をやめるころ、私も編集の仕事に徹すべきではないかと考えていた。

それができなかったのは、結局、翻訳の仕事を辞めることができなかったからだろう。正直のところ、『ニューヨーカー短篇集』の第三巻を出したとき、あとは早川書房で何もすることがないような気がした。かりに現代世界文学シリーズといったものをはじめるにしても、すぐれた翻訳者を確保するのは、そろそろ不可能であった。しかも、こういうシリーズには金と時間がかかるし、それがむくいられるのは遠い先のことである。

何もすることがないという気持を味わったのは、ゲイ・タリーズの『汝の父を敬え』を翻訳したあとである。マフィアのことがこの一冊ですべてわかったと思ったとき、マフィアから足を洗ったあと、何をしようと迷った。もっとも、それは一時的な虚脱感だったのであるが。

もし十年前に早川書房をやめなかったら、ということは、ほとんど考えたことがない。どうも私は管理者には向かないようである。早川書房に残っていても、いい仕事はできなかっただろう。翻訳権争奪戦が激しくなりはじめるころだったから、私はなんどもその争奪戦に敗れていたにちがいない。

いいときに、編集者をやめたと思う。それにしては、この十年間、何をしていたのかとやはり恥かしくなる。翻訳者としては、あまり仕事をせずに、担当の編集者に迷惑ばかりかけてきた。督促する側から督促されるほうにまわったのだから、大変である。

いまは翻訳者はまともで、勤勉な人が多いけれども、私が早川書房にはいりたてのころは、そうではなかった。扇風機をつけっぱなしにして、眠ってしまったために死んだという翻訳者もいたし、これから首を吊りたいのだが、あいにくロープがないので、そのロープを買うため、前借りさせて欲しいとあわれな声で電話してきた翻訳者もいる。

喫茶店で翻訳する人も多かった。その代表はなんといっても、亡くなった福島正実氏である。福島さんはTVの深夜映画を見ながら、コマーシャルのあいだに百字から百二十字は書けると語っていた。

ガードナーのペリー・メイスンを一冊訳しおえて、早川書房に届けたあと、新宿の暴力バーでそのメイスンものの印税をそっくりとられてしまったという翻訳者もいる。こういう人たちは不思議に翻訳がうまい。

腰をすえてアメリカを見られるようになった

他人の翻訳を読んで感心することが多い。私が寛大なのではなく、翻訳の質が向上したのである。初期のハヤカワ・ミステリを読んでも私はけっして感心しなかった。

翻訳ものが読みやすくなったのは、翻訳がよくなったということのほかに、片仮名に対する抵抗感がなくなったからでもある。片仮名が自由に使えるようになった。十五年前、二十年前はなんでも日本語にしなければならなかった。現在は片仮名ですますことができる。『ゴットファーザー』でも、『マネーチェンジャーズ』でも一昔前だったら、題名に編集者が苦労するところである。

早川書房の編集会議では、ハヤカワ・ミステリ一冊の題名でつぶれてしまうことがあった。つまり、片仮名にすれば恰好がつく。私は、自分の訳すものの題名は日本語でありたいと願っているが、そういうぜいたくは許されないだろう。片仮名の題名が売れるとわかれば、私だって反対しない。

この十年のあいだに出た翻訳もののベストセラーは、片仮名の題名が意外に多い。『ラブ・ストーリィ』、『ゴットファーザー』など。片仮名の出版社も増えた。英語の誌名の雑誌もぞくぞくと誕生した。そういう時勢に、私がフリーになったのは、幸運だったというべきかもしれない。

編集者をやめると、前途が不安だよ、と私はやめるときに言われた。けれども、そういう不安はほとんど味わわずにすんだ。これも、もちろん私の実力ではなく、時代のおかげである。マフィアが日本でも関心が持たれるなど、早川書房時代には考えてもみなかった。つまり、アメリカの本はたいてい翻訳可能になったのである。ポルノだろうとニュー・ジャーナリズムだろうと受け容れられてしまう。野球小説もいまや引っぱりダコである。

写真家のリチャード・アヴェドンだって、日本でこんなに有名になるとは思わなかった。ごく一部でしか知られなかったアメリカ人やアメリカ製が注目を集めつつある。その昔、私はアヴェドンの写真を知的なある女性雑誌に売りこんで、あっさり断わられた経験がある。

こんなにアメリカが近くなった時代はないと思う。そこで、アメリカの本の翻訳権が大量に買われる。アメリカの探偵小説の版権料はかつて百五十ドルだった。そのころ、私の月給は百ドルにもみたなかった。早川書房の給料は安かったと言っているのではない。百五十ドルでも、版権料は高かったのである。

いまは二千ドルでも高くはないという感覚が定着しつつある。一千ドルなら安いと思う人も多いだろう。

昔といまをくらべているうちに、アメリカを見る私の目が変ってしまった。早川書房に勤務していたころ、私は、一ドルは永久に三百六十円だと思っていたし、「サタデイ・イヴニング・ポスト」や「ルック」や「ライフ」はつぶれないと思っていた。ミステリーの版権料も、当分は百五十ドルだろうとみていた。「プレイボーイ」の日本版など出るはずがないと決めてかかっていた。

そういうことが全部ひっくりかえってしまったのである。マフィアについての私の考えも変ってしまった。ヴェトナム戦争を考えるようになったのも、じつは早川書房をやめてからである。

この十年間は、その意味で、私の勉強期間だったように思う。それで腰をすえて、アメリカを見ることができるようになった気がする。新しいものばかり追いかけないで、はじめに書いた売れ残っている歴史もののように、残りものを探すべきではないか。一九三〇年代、四〇年代、五〇年代の小説を発掘すべきではないのか。ニュー・ジャーナリズムだけではなく、老年のジャーナリストたちが書いているものを紹介すべきではないのか。

もちろん、これは私の手にあまる仕事である。しかし、こういう企画もいずれ実現するのではないかと私は楽観している。私が目をつけたものは、長い時間がかかっても、やがて広く日本で知られるようになったからである。

翻訳書を書評する仕事

早川書房を辞めてから、翻訳ものの書評を書く機会にめぐまれた。書評などという難しい仕事ができるのかとはじめは心もとなかったが、幸いにも現在までつづいている。

もっとも、失敗はある。三年か四年前に出たミステリーの書評を書いて、恥をかいている。しかし、『笑う警官』も『ジャッカルの日』も第一番に書評で取り上げたのは、この私なのだという妙な自信もある。

しかし、いまでも私は書評を書いているつもりはない。翻訳出版がいくら盛んになったとはいえ、翻訳ものがいぜんとして差別されているという被害者意識があるので、すぐれた翻訳ものの新刊に接したときは、その本の広告のコピーを書くような気持で、書評を書いてきた。私の書評で一冊でも多く売れてくれればいいと思っている。

だから、未知の作家の傑作を読んだときは、一大発見でもしたように興奮する。最近はそういうものになかなかぶつからない。こちらも偏見を持たずに、読んでいるつもりであるが、これはと思う翻訳小説にお目にかからない。長いけれど、一気に読んだのは、ジョン・トーランドの『アドルフ・ヒトラー』である。

どうして、トーランドの『アドルフ・ヒトラー』の書評が出ないのか。しかも、永井淳氏の訳は、ヒトラーものの翻訳のなかでベストなのである。長いものを訳したり、編集したり、出版したりするのは、損だということになりはしないか。

誤訳はすぐに見つかるが名訳はみえてこない

書評については、早川書房時代に苦い思い出がある。それはハヤカワ・ノヴェルズの第一冊となったジョン・ル・カレの『寒い国から帰ってきたスパイ』である。ハヤカワ・ノヴェルズはこのスパイ小説で最高のスタートを切ったし、『寒い国から帰ってきたスパイ』はスパイ小説の傑作であると私はいまでも信じているが、いわゆる玄人《くろうと》筋の評判はかならずしもよくなかったのである。

これはおそらくジョン・ル・カレが役人で新人だったからだろう。ただそれだけのことで、「玄人」たちはケチをつけた。当時はジェームズ・ボンド全盛の時代だったので、「玄人」はこのようなスパイ小説の出現が面白くなかったのだろう。それでも、大方の書評は好意的だったし、本そのものに力があったから、『寒い国から帰ってきたスパイ』は幸いにも成功した。

ところが、その「玄人」たちは『ジャッカルの日』を激賞している。矛盾しているじゃないか、節操がないじゃないかと言ってもはじまらないのであるが、私は釈然としない。

翻訳ものの書評というと、すぐ誤訳が問題になる。しかし、私は誤訳には寛大なほうである。自分がちょいちょい誤訳するからではない。誤訳は誰にでも簡単に見つかるからである。ことに最近は日本語論が盛んだから、誤訳が見つかりやすい。

翻訳ものを書評するので、私はかなりの新刊をこの七、八年読んでいるけれど、誤訳が多いので、途中で投げだしたという本は皆無だった。翻訳の質はまちがいなく向上しているのである。英語のエンターテインメントに関するかぎり、私の同業者はみな達者なものだ。

ただし、読みやすいからといって、いい訳だとはいいきれない。名訳こそ見えないのであって、たまたま原文にあたってみて、はじめて名訳であることを知る。

誤訳の危険も、十年前、二十年前より減っている。辞典が完備しているし、不明の箇所があれば東京在住の外国人に訊くこともできる。ニューヨークもロンドンもパリも、昔にくらべれば、はるかに近くなっている。十数年前はカルチェのライターなど誰も見たことがなかったから、「カーティア」と訳したかもしれないが、いまはカルダンやルイ・ヴィトンが原文に出てきても、カルダンを着てルイ・ヴィトンに原稿用紙を詰めている翻訳者が訳すことができるのである。

ユダヤ系作家の小説を訳す翻訳のなかには、「ジューイッシュ・フォワード」紙を購読している人もいると聞いている。しかし、先日会ったアイザック・シンガーの訳者はアーヴィング・ハウの『われらが父たちの世界』を知らなかったが。もちろん、そういうものを知らなくても、翻訳はできるだろう。

知らないで訳すことと知っていて訳すこと

書評を書くとき、私はよく訳文を引用する。これは一つには、いい訳か悪い訳かを読者に判断してもらうためである。ある小説の書評で、私が最後の二、三行を引用したところ、私の原稿を受けとった書評担当者は、引用部分が理解できないと言った。じつは、私もわからなかったから故意に引用したのであるが、結局、引用部分を削って、書きたした。

私はその小説を訳した人を以前からかなり買っていたので失望したのをおぼえている。もっとできると思っていたのだった。むろん、この私にしたって大きなことは言えない。私のようによく間違うと、翻訳は恥多き職業である。

翻訳者として駆けだしのころ、ミステリーの短篇を訳していて、ピッツァが出てきた。コンサイス英和辞典にも、その意味は出ていたので、ピッツァと書いたけれども、私はこのピッツァを見たこともなかったし、食べたこともなかった。もう二十年も前のことである。

いまはピッツァを知らない人はいない。知らないで訳すのと、知っていて訳すのとでは、ずいぶんちがうと思う。知っていると、自信のようなものが出てきて、それが訳文にあらわれるような気がする。

書評するつもりで、翻訳ものを読んでいると、訳者がどれだけ原作を理解しているか、それがよくわかる。これがまた、ごく些細なところでわかるのである。『ジャッカルの日』の文章はおそろしくそっけないが、訳者である篠原慎氏の理解が深かったから、あのように見事な訳になったのではないかと思う。いや、理解したというより、訳者は小説に惚れてしまったのである。同じことは、マルティン・ベックのシリーズの高見浩氏にもいえるだろう。

片仮名の書名は誤訳よりも悪質

翻訳ものは差別されているといっても、日本ほど翻訳出版の盛んな国もない。アメリカやイギリスの翻訳者の地位は日本よりはるかに低い。日本のあるエイジェントがアメリカの編集者やエイジェントに、「この人は翻訳者で……」と紹介するのを聞くと、よけいなことを言いなさんなと思う。日本の出版界のことを知っているアメリカ人は、すると、「日本の翻訳者は印税をもらえる」と皮肉な笑みを浮かべる。

翻訳業も虚業であると思わないわけにはいかない。しかも、どんなに頑張っても、翻訳が原作をこえることはないはずである。翻訳はそのように空しい仕事であるとも思う。

このような私の考え方は古いのかもしれない。翻訳ものの題名に片仮名が多すぎることに反対であると前に書いた。『ジャパン・アズ・ナンバー・ワン』とか『ザ・ジャパニーズ』などという本は、どうも読む気がしない。いやな世の中になったものだと思う。こんな題名は誤訳よりも悪質ではないのか。

翻訳出版はかつてなかったほど大がかりなものになってしまった。新聞広告だって大きくなっている。ハヤカワ・ミステリはいまでも新聞に三段八つ割りの広告を出しているが、それを見るたびになつかしくなる。ハヤカワ・ミステリ一冊では三八《さんや》つの広告も打てないのだよ、と早川清氏はよく言っていた。だから、毎月ハヤカワ・ミステリを六点ずつ発行して、それらをまとめて広告したのである。

しかし、そのころでも、版権を取得したものの、なかなか翻訳の出ない本が多かった。早川書房の編集会議では、よくそのことが問題になった。

ただ、当時と現在をくらべると、本の鮮度はいまのほうが早くなくなっているようだ。そのように感じられるのは、たぶん早川書房がとっていた版権がミステリーやSF中心だったということもあるだろう。

現在はベストセラーなら、まずたいていのものが争奪戦の対象になるが、ベストセラーはは かないものだから、鮮度がなくなるのも早い。例外もないわけではないけれど、つねにベストセラーを追いかけるのは、ばかげている。アメリカ人も物好きだなあと思われるベストセラーもある。

しかし、最近、ベストセラーの版権料も頭打ちの現象が見られるのではなかろうか。ある高名なベストセラーが、あまりに版権料が高いために、エイジェントが大幅に値下げしたという話を聞いた。それも、AとBのエイジェントである。

Aが各出版社に持ちまわったベストセラーも、またBが各社に売りこんだベストセラーも、アメリカの一流の出版社が出したノンフィクションである。その二冊がほぼ同じ時期に、版権が売れなくて、安く売らざるをえなかったというのは、気の毒である。景気の影響もあるだろうが、これは日本の出版社が慎重になった、一つのあらわれだろう。

もしもう一度編集者になったらと空想する

翻訳者としての私は、いま取り残されたような気持でいる。毎度こぼすようで恐縮であるが、私は仕事がおそいし、なんでもこなすということもできない。なるべくなら自分の気に入ったものだけを訳していきたいと願っている。これは私のぜいたくであり、わがままであることは承知している。ほかの翻訳者諸氏の堅実な仕事ぶりを見ていると、身の縮む思いであり、夜も眠れなくなる。

翻訳のかたわら、雑文など書かなければいいのであるが、そういうわけにもいかない。便利屋といわれてもしょうがないと諦めているので、雑文の仕事はつづけたい。

私の願いはささやかであって、この出版界で私のようなものでも生きてゆけたら、ということである。私が翻訳ものの書評をできるのも、翻訳出版の面白さを知ったからである。その意味で、早川書房は私に、出版の愉しみや編集者であることの歓びを教えてくれた。

これは書きにくいことであるが、以下は友人から聞いた話である。彼は何年ぶりかで自分の本が出たので、世話になっている会社を訪ねて、一人ひとりに本をくばった。友人は本の装幀が気に入っていたので、その会社の（出版関係の）人たちが何か言ってくれるのを期待したのであるが、誰一人として何も言わなかったし、ページをひらいてみることもなかった。「どうも」とか「有難う」と言うだけで、彼の本を机にのせたままにしておくか、引出しにしまってしまったのである。

「こっちはいたたまれない気持で退散したよ」とその友人は私に嘆いた。「出版に関係のある人間だったら、どんなに忙しいときでも、本を手にとって、何か言うはずだがなあ」

それが礼儀というものだ、と友人は言いたかったのかもしれない。

本をもらうのは、うれしいものである。もらったら、礼を言い、その場で簡単な感想を述べるのも楽しいことである。私はこの友人の気持がよくわかったけれど、あえて彼に言った。きみは自分が思っているほど、その会社で買われてはいないんじゃないのか。

こころみに、私はある編集者に、著者や訳者から本をもらったときはどうするか、と訊いてみた。まず帯を見ますね、と彼は答えた。それからカバーを見て、なかをひらいて見ますね。奥付も見ますよ。自然にそうするんですね。

私も本をいただいたときは、この編集者と同じことをしてきた。それはやはり、短いとはいえ、出版社に勤務した結果だろう。これは一つの愉しみなのである。

早川書房にいたおかげで、私はアメリカにも行くことができた。翻訳一筋にやってきていたら、ニューヨークに行くことなど、ものぐさで貧乏な私には、とても不可能だった。昨年（一九七八年）の春、やみくもにニューヨークに行ったのは、前に一度行ったことがあったからである。

一九六七年にニューヨークに行ったときは毎日のように出版社やエイジェントを訪ねてまわったが、昨年はそういうことはいっさいなかった。マグロー・ヒル社も外から眺めただけである。ハーパー・アンド・ロウ社の新社屋も、道をへだてた小さなペイリー・パークで紙コップのコーヒーを飲みながら、仰ぎ見ただけにすぎない。

このように、私はアメリカ出版界の現場から遠ざかってしまったのだと思う。アメリカ出版界に対して一翻訳者であり一読者になってしまった。ただ、私がもっと若かったら、ゲイ・タリーズの夫人で、サイモン・アンド・シュスター社に勤めるナン・タリーズに強引に面会を求めたり、ニューヨーカー社を訪ねていろいろ取材したかも知れない。

一方ではまた、そういうことは活字でわかるのではないかという気持もある。小説やノンフィクションで知ることができる。

ベストセラーならほとんど翻訳されるご時勢で、非常に便利であるが、ベストセラーにならなかったすぐれた本が数多く訳されないで残っている。そういう本を見つけるのは楽しいことである。それが適正な版権料であり、しかも四千部か五千部売れたとすれば、大成功であると思う。

いま、古本屋に翻訳ものを売りに行くと、じつに安く買いたたかれる。古本屋の親父は翻訳の文庫など手にとってもみない。本全体の価値が下がっていることは明らかだが、とくにこの傾向は翻訳ものに著しいのではないか。どうしてもっと大切に翻訳ものを出版しないのかと思うことがある。翻訳小説のあとがきで、「私の大好きな――を訳す機会をあたえてくださった――副社長にお礼を申し上げます」などという文章を読まされると、腹が立ってくる。編集者もこのあとがきを読んでいないし、校正者も注意しなかったのではないか。

翻訳出版について書くとなると、差しさわりが多いことにあらためて気がつく。おかげで、私もつくらなくてもいい敵をだいぶつくってしまったらしい。ほめても、苦情を言う人がいたほどである。私のほめ方がよくなかったのだろう。しかし、悪口を書くつもりはなかった。

もし私がもう一度翻訳担当の編集者になったら、と空想することがある。不可能であることはわかっているのだが、自分も翻訳したいという気持は抑えて、原書を読み、翻訳の原稿を丹念に読むだろう。たぶん、訳者におずおずと助言するだろう。校正をていねいに読むだろう。

早川書房時代に、私はそういう基本的なことを怠った。悔いがあるとすれば、その点である。そして、このことは、私が現在つきあっている編集者たちから教えられた。私は自分の語学力を過信していたらしい。しかし、翻訳ものの編集に語学力などそれほど必要ないのである。むしろ、編集の仕事に徹するほうが望ましい。

私は編集と翻訳という二足のワラジをはいてきたが、じつはもともと編集者ではなかったのではないかという苦い思いがある。早川書房だから、私のような者でも仕事ができたのではないかと思っている。

名訳と官僚的翻訳のあいだ

四年前に出たウィリアム・ターグの『不埒《ふらち》な歓び』をようやく読むことができた。ターグはパトナム社の編集者だった人で、マリオ・プーゾに『ゴッドファーザー』を書かせたことで有名である。

ターグの本は、現在のアメリカの編集者の仕事や生活を知るために、目を通したのであるが、ターグの猛烈な仕事ぶりには感心した。とにかく、よく原稿を読んでいるし、他社の本も読んでいる。

ターグ夫人には、かつてニューヨークで会った。ロスリン・ターグはニューヨークでも優秀なエイジェントと聞いている。大物の作家を抱えている。実は、西ドイツでは二万ドルのアドバンスを出したのに、早川書房ではこの傑作に対して二百五十ドルの条件しか提示できないのはなぜか、ときつい手紙をよこしたのは、このターグ女史である。もう十数年も前の話である。

早川書房時代に、ロスリン・タークのところに版権を申し込んで、一度でまとまったということがなかった。ターグ女史が扱っている本だと聞いただけで、交渉がうまくいくまでに時間がかかるぞと思ったものである。

ウィリアム・ターグに送られたハーンの本

ターグ女史に翻訳権を申し込んで、簡単に決まったのは、私の経験では、ジョゼフ・ヘラーの『キャッチ－22』一冊である。もっとも、この名作は不思議なことに、どこの出版社からも敬遠されていた。たぶん、早川書房には当時のタトル商会から二度か三度、このリーディング・コピーがまわってきたのではなかろうか。マイク・ニコルズがいずれ映画化すると知って、早川書房が版権をようやく取得したはずである。おそらく、映画化ということがなければ、私もこの小説を編集会議にかけることもなかっただろう。

もちろん、そのころ、ロスリン・ターグ女史の夫君がウィリアム・ターグであるとは知る由もなかった。そのことを教えてくれたのは、ユニ・エージェンシーの青木日出夫氏だったと思う。

ターグの『不埒な歓び』に日本人が一人登場する。この本は、ターグが忙しい時間をさいて書いたので、断片的で、メモランダムの寄せ集めといった感じもするが、しかし、たとえば、スタインベックの編集者だったパスカル・コヴィチに関する短い追悼文などは、バウカー社から出ている厖大な『アメリカ出版界の歴史』の第三巻に引用されている。コヴィチの風貌や性格がタークの一文によってはじめてわかるのである。

『不埒な歓び』の二十四ページに「日本のスーパーエイジェント」という短い文章がある。翻訳しても、せいぜい一枚半といったところである。

「東京のチャールズ・E・タトル商会のトム・モリは私の好きな海外エイジェントの一人であり、彼がニューヨークに来たときは、かならず一杯やるか、食事を楽しむ」という書きだしで、ミスター・モリに讃辞を呈している。私は氏についてはほとんど知らない。私が早川書房を辞めるころに、一度か二度電話で話した程度である。

ウィリアム・タークがモリ氏のことを書いたのは、つぎのようなことがあったからだ。タークはラフカディオ・ハーンのコレクターだったが、それをなくしてしまった。タークがそのことをモリ氏にもらすと、二週間後にタークの家にハーンのペイパーバック十五冊が郵送されてきたのである。送り主はモリ氏。たしかタトル出版部がハーンを出していたはずだから、これは簡単なことかもしれないが、その素早いことに私は敬服したし、いい話だと思った。タークも「一ポンドのキャビアよりうれしい」贈物と書いている。

作家の翻訳にはある種の必然性が必要である

ターグの『不埒な歓び』を読んで、原稿や本を読むということでは、私などこの人にかなわないと思った。この編集者は夜も昼もないかのようである。しかも、その忙しい合間を縫って、四百ページもの本を書いている。

この二年間、アメリカの編集者のことを調べて、編集者気質というのはどこも同じだと思った。それは何かといえば、何よりもまず本が好きで、本を愛していることだ。私もその点で人後に落ちないつもりだが、早川書房時代はどうであったかといえば、内心忸怩《じくじ》たるものがある。リーディング・コピーが驚くほどたくさん来ていた。エイジェントから届けられた本もあったし、海外のエイジェントや出版社が直接送ってきたのもある。早川書房はおそらくその十パーセントも版権を買わなかっただろう。

買うわけにもいかなかった。いくらベストセラーだからといって、傑作だからといって、片っ端から版権を取得するのは、もともと無理な話である。版権の在庫をかかえては、自ら首を締めるようなものだ。

しかし、自分がかえりみなかったリーディング・コピーのなかに、いい本があったのではないかと思うことがある。一冊の翻訳ものを出すために、ほかの十冊のリーディング・コピーが埋もれていったのではなかろうか。私の怠慢のために、死んでいった本があるだろう。これはやむをえないことでもある。

本が売れるためには、わかりきったことだが、一つにはタイミングのよさが必要である。アメリカの出版社はそのことを重視する。『ゴッドファーザー』だってタイミングのよさが売行きを助けた。著者もまたタイミングを大切にする。その典型はアーサー・ヘイリーだろう。彼は四年後に何が問題になっているかを見通して、題材を選ぶという。

私も翻訳者としてタイミングを重視したいと思うが、なかなかそうもいかない。ただ、そのタイミングに合わせた拙訳が近く出るはずである。アメリカと同時出版ということになればいいと思っている。

しかし、一方でタイミングにあまり関係のない本もある。それでも、刊行があまりにもおくれてしまっては困るのであるが。結局は翻訳者の仕事がおそいか早いかにかかわってくる。

翻訳の質が大いに向上したことは前に書いた。とくにエンターテインメントはほとんど例外なく読みやすい。うまい翻訳も多くなった。しかし、この訳者、本当に好きで訳しているのかなと思われる翻訳も多い。技術だけという翻訳である。

最近、ある小説を読んだ。訳者は高名な作家である。作家が翻訳するのは、よろこばしい傾向だと思う。エイミスの『酒について』(吉行淳之介、林節雄訳)や、セルーの『鉄道大バザール』(阿川弘之訳)は名訳である。

しかし、私が読んだその小説は、下訳そのままではないかと思った。四十ページを読みすすんだころ、「論文の一つを英語化する仕事」という部分にぶつかって、いささかがっかりしたのである。「英語化」と訳してもかまわないが、これは「英訳」なのではないか。『酒について』も『鉄道大バザール』もきめのこまかい翻訳だった。訳者としてよりも、作家としての神経のこまかくゆきわたった訳文だった。ところが、私が読んだその小説は、神経の粗さばかり目立つのである。それで、作家は名前を貸しただけだと断定してしまった。

こういうことは、目のこえた読者なら、すぐに気がつくだろう。作家と翻訳が結びつくには、なんらかの必然性が必要である。訳者である作家が汽車好きであるとか、作家が原作にのめりこんでしまうとか。

ゴルフが出てくる翻訳に備えてＴＶで勉強する

翻訳小説を好んで読むという読者でなければ、訳者の名前などそう気にしないものだ。たとえば私の翻訳した小説を読んでいて、あの小説はおまえが訳したのかと、あとでびっくりする友人知人が多い。版元の名前もあまり気にしない。

作家の名前が本の売行きを助長することは大いにあるだろうが、そうでなかった例もいくつかある。成功例はかぎられているはずで、それも、作家が自ら翻訳したものである。その場合、下訳があってもいっこうにかまわない。

翻訳といえば、誤訳がすぐ問題になるけれども、誤訳よりたちの悪い翻訳もある。読みやすくて、わかりやすいけれど、なぜ訳者が翻訳したかということがわからない翻訳――こういうのは困る。小説の場合は、とくに困るのである。

名訳のほまれ高い探偵小説を読んだとき、少し暇があったので、原文を参照したら、いたるところが抜けていた、という話を聞いた。その話をした人は、これは名訳といえるのだろうか、と私に言った。

やはり名訳なのではないかと思う。原書の難解な部分が抜けているからといって、欠陥のある翻訳とは言いにくい。小説として完結していれば、それで読むほうは満足するしかないではないか。

しかし、その「名訳者」に私が疑問を抱いたことも確かにある。なんだ、きみもやってるじゃないか、だから、他人の訳にけちをつけるのはいいかげんにしたらどうかね。そう言ってやりたい気があった。

早川書房をやめたとき、私は翻訳に専念するつもりだった。年に四冊ないし五冊は訳したいと思った。けれども、これまでのところ、年にやっと一冊である。かなしいかな、私は辛抱が足りない。それに気が多いので、いろんなことをやってしまう。頼まれれば、競馬の原稿まで書いたりする。それではいけないのであるが、競馬では翻訳で痛い目に遭った。翻訳の勉強のつもりで、私は競馬をはじめたのである。いまは競馬関係の翻訳には、かなりの自信がある。経済問題や機械などが出てくる翻訳は私の苦手とするところである。そもそも経済や機械のことを知らないのだから、始末が悪い。ゴルフも苦手なので、いずれゴルフもやらなければと考えながら、ぐずぐずしている。

実際にゴルフをやっているのと、頭のなかの知識では、翻訳に微妙な差が出てくると思う。そうすると、経験主義と思われるかもしれないが、そんなことはない。おのずから、そこには限度というものがある。

ゴルフのシーンの翻訳に備えて、ＴＶのゴルフ番組をよく見るが、何か食いたりない。ゴルフ番組を見ているだけで、ゴルフのシーンの翻訳ができるようになったら、楽なものだ。小説やノンフィクションで、ゴルフのシーンが出てくるときは、私はだからなるべくゴルフを知っている人に助けを求めるようにしてきた。それでも、いまだに自信が持てない。ゴルフなども う常識になっているのに、情けない話である。

重要視される同時性

きみの翻訳は語学的に正しいかどうかわからないが、と私はある人に言われた。いちおう、拙訳をほめてくださった上で、その人はそう言ったのである。きみの翻訳は官僚的でないところがいい、いまは官僚的な翻訳がはびこっているからね、とその人は言った。

官僚的な翻訳とはどういうことか。私なりに解釈すれば、通りいっぺんの翻訳ということになるだろうか。そういう翻訳がまかり通っている。技術だけの翻訳と私がさきに申し上げたのは、そのことである。そういう翻訳はいくらでも例をあげることができる。拙訳のなかにも、そういうものがあるかもしれない。

翻訳の問題は奥が深いと思う。何がいい訳で、何が悪いかは、人によってちがう。私がいい訳と主張しても、これに反対する人もいるだろう。しかし、万人が認める名訳もあるはずだ。たとえば、アーサー・ヘイリーなら永井淳、シムノンなら矢野浩三郎、チャンドラーなら清水俊二、アイリッシュなら稲葉明雄というように。

ただ、この十年のあいだに、翻訳そのものも変った。あるアンソロジーを編んだとき、ある若い翻訳者が〝Good morning.〟をそのまま、「グッド・モーニング」と訳してきて、びっくりしたことがある。私なら、そしてほかの訳者も「お早よう」と訳すところであった。

しかし、いまなら「グッド・モーニング」とやっても、そうおかしくないのではないか。そうするほうが、若い読者に自然に受けとられるかもしれない。もっとも、私はとてもそうは書けないだろう。

翻訳出版はこれからも盛んになる一方である。そう断言してもいい。十年前だったら、翻訳不可能だったものが、いまは可能だという本もあるし、アメリカ文化を吸収する日本語そのものの許容度が驚くほど大きくなっていると思う。

「ニューヨーク・タイムズ」紙に、私のごひいきの記者がいる。彼は毎週書評を「タイムズ」本紙に二本書き、随筆を一本書いている。いずれも七百五十語であるという。

彼の書くエッセーがこんど一冊にまとまったが、[*1] これは十年前二十年前だったら、翻訳するのが無理だったはずである。まず彼の書いているニューヨーク市民の日常生活が、私たちの生活とあまりにへだたっていた。それから、日常生活に登場する「もの」や「事実」を調べるのがたいへんだった。

現在は、その「タイムズ」記者の書くエッセーのなかの日常生活は、私たちの生活に似ている。また、その日常生活にもりこまれた「もの」や「事実」はある程度調べがつくのである。

アメリカの作家やジャーナリストが日本人のために書いてくれているようなものが増えている。とくに、ユダヤ系の作家やジャーナリストの作品が私たちに訴えかけているように思う。

そして、翻訳出版では、同時性ということがいっそう重要視されるようになってきたと思う。アメリカとの同時出版、イギリスとの同時出版。そうすると、どうしても官僚的翻訳も必要になってくる。

これはけっして必要悪ではない。同時性が問題になるのは、情報的な本なのだから。

＊1　ジョン・レナード『帝都の私生活』（未訳）。

早すぎた編集者の死

早川書房に私が入社したのは、社屋が大きくなり、人手が足りなくなったからだとばかり思っていた。そうではなかったことが、つい最近になってわかった。うかつなことであり、自分の思い上がりを恥かしく思う。

早川書房の社屋が広くなり、編集者を必要としていたのは事実であるが、その機会を利用して、私を入社させた人がいたのである。もちろん、私の上司だった福島正実である。

早川書房の新入社員は、なにも私でなくてもよかった。候補者はいくらでもいたはずである。私のほうは翻訳だけで食っていくつもりでいた。そうすれば、あまり人と口をきかないですむと思っていた。しかし、翻訳の収入があるといっても、とても食べてはゆけなかった。当時、結婚する相手がいたけれども、結婚は無理だったし、彼女の両親は結婚に反対だったし、私の両親も快く思っていなかったのである。

それで、福島さんは私を早川書房に就職させようと、ひそかに根まわしをはじめたらしい。私が定職を持てば、結婚の障碍《しょうがい》がなくなると福島さんは考えたのだろう。

福島さんから、早川書房にはいらないかと言われたとき、私ははじめ断わった。まず、その自信がなかったし、勤めるのがおっくうだった。

早川書房に入社する気になったのは、中田耕治氏の説得があったからである。編集者を経験したほうが翻訳の勉強になるし、翻訳者としてのチャンスにも恵まれるだろうというのが、中田さんの意見だった。

福島さんに育てられた翻訳者第一号

こうして、私は早川書房の編集部員になったのであるが、もし福島さんがいなければ、この話はなかっただろう。翻訳者として好きなことをするのも、無理だったと思う。

福島さんは、いわば私のためにレイルを敷いてくれたのである。私は早川書房在社時代に、ジョン・トーランドの『ディリンジャー時代』とナサニエル・ベンチリーの『親父と息子』の二冊を翻訳することができた。

この二つの仕事は自分でも気に入っている。もし私が早川書房の社員でなかったら、こういう仕事はできなかったかもしれない。これも福島さんのおかげである。

福島さんは生前、私の早川書房入社の本当のところを話してくれなかった。そういう人ではなかったのである。

福島さんは面倒見のいい人で、じつにたくさんの翻訳者を世に送りだしたが、人の世話を焼く場合、かなり神経を使われた。私は福島さんから育てられた翻訳者の第一号であると自負している。たぶん、福島さんは私を教育したことで、自信を持たれたのではないか。なぜなら、彼が私にかなり手を焼いたにちがいないからである。

私は早川書房にはいって、二か月後に結婚した。そのことを一番喜んでくれたのは、実は福島さんではなかったかといまにして思う。そして、福島さんが生きていてくれたら、とも思う。福島さんは何ごとについても、現実的な解決をはかる人だった。非常にプラクティカルな助言のできる人だった。それで、私などはずいぶん助けられている。相手に即したアドバイスのできる人だったと思う。私のいろいろな欠点に対して、福島さんはつねに寛容だったという気がする。そのかわり、長所があれば、そこのところを伸ばしてくれた。

前にも書いたように、私が『ニューヨーカー短篇集』の編集ができたのは、福島さんの支持があったからである。私としては、自信がなかったのであるが、彼が私を督促するようにして、『ニューヨーカー短篇集』を刊行できるまで、私の仕事がしやすいようにしてくれた。

生意気なようであるが、『ニューヨーカー短篇集』の第三巻が出たとき、私はもう仕事がなくなったような気がした。早川書房でする仕事はもうないと思った。そのときはすでに、福島さんは早川書房をやめていた。

いま考えると、私にも早川書房をやめる時期が来ていたらしい。翻訳者として一からやりなおす時が来ていたのだと思う。サラリーマンをやめたあとの生活については、あまり不安はなかった。翻訳出版は盛んになりつつあったので、十年前とちがって、翻訳一本だけでも食ってゆけるだろうと楽観していた。

ただ、やりたいことをやりたいという気持はなかった。気に入った作品を翻訳したいと思ってはいたが。

早川書房をやめて、今年でちょうど十年である。その間、こと志とちがって、翻訳はあまりしなかった。翻訳は根気のいる仕事である。どうも根気のない私は翻訳の仕事に向かないのではないかと思うことがある。それで、つい雑文を書いてしまうところがある。

熱心な編集者の仕事ぶりに接すると、早川書房の十年間に、自分がどんなに手を抜いていたかを思い知らされる。なるほど、「パブリッシャーズ・ウィークリー」を丹念に読んだけれども、編集者としての仕事はというと、とても大きなことを言えない。

ハヤカワ・ノヴェルズもハヤカワ・ノンフィクションも幸いに成功した。ハヤカワ・ノヴェルズがスタートしたのは一九六四年である。東京オリンピックの年である。これは、最もいい時期にハヤカワ・ノヴェルズがはじまったということではなかろうか。ジョン・ル・カレの『寒い国から帰ってきたスパイ』や、メアリー・マッカーシーの『グループ』が売れたのも、時代に助けられたということもある。

出版はタイミングが大切である。『ジャパン・アズ・ナンバー・ワン』が売れているのは、省エネルギーとか物価高とか暗いことばかりあるときに、日本人に自信を持たせるようなことが書いてあるからではないかという説を聞いた。つまり、タイミングがよかったのである。

アメリカの出版界を見ていると、とくにその感を深くする。マフィアものの出版は、アメリカではタイミングがよかった。政府がマフィア撲滅のキャンペインをはじめたときに、ピーター・マーズの『マフィア』やマリオ・プーゾの『ゴッドファーザー』が登場したのである。

しかし、そのタイミングには、何か人為的ではない力もあるような気がする。それは、一冊の本が時代をとらえるというか、時代に合うとかいったことだろうか。本と時代との一目惚れのようなところがある。

福島さんは、編集者としては、そのようなタイミングを問題にしなかったように思う。いや、早川書房という出版社がタイミングを重視しなかった。つねに、時代に先がけていた。

たんなるリアリストではなかった

ハヤカワ・ミステリにしても、ハヤカワSFにしてもそうである。人のやらないことをやろうとしてはじめた企画である。ことに、SFは抵抗があった。というより、無視されたのであるが、福島さんはＳＦについては執拗だった。こつこつと一冊一冊を編集していったのである。ハヤカワＳＦの最初の百冊は、福島さんの血と汗の結晶である。だから、彼としては愛着も深かったのではなかろうか。福島さんのような編集者がいなかったら、翻訳ＳＦの出版はもっとおくれていたにちがいない。

そして、ＳＦが日本で開花したとき、福島さんは早川書房を去った。編集会議の席上では、福島さんはリアリストだった。私はいつも、福島さんは徹底的なリアリストだとみていた。リアリストというと、何やら非情な面もあるように思われるが、たしかに福島さんにはそういうところがあった。敵に対してはそうであった。敵とは徹底的に戦い、そして味方が弱ければ弱いほど、味方をかばった。これはリアリストにしてはじめてできることである。

けれども、福島さんはたんなるリアリストではなかった。計算のできる人だったし、計算はたいてい正しかったが、その計算を無視することもできた人である。ハヤカワＳＦの発刊や「ＳＦマガジン」の創刊に、福島さんはけっして自信満々ではなかったと思う。彼にその当時、どれだけの勝算があっただろうか。

福島さんはＳＦに賭けたのである。賭けることのできる人だった。私を含めて、福島さんから育てられた翻訳者は、彼にとって賭けだったはずである。私を早川書房に入社させるについても、福島さんは賭けたのではないか。そして、私が頼りない人間であることを最もよく知っていたのは当の福島さんだったのである。

私が「ホリデイ」という雑誌で失敗したとき、誰よりもがっかりしたのは、福島さんだったはずである。なぜ私の意見を聞いてくれなかったのかと福島さんは内心腹だたしい思いであったにちがいない。なぜあんな奴の言うなりになったのか、あいつは企画なんかできない男なんだよ、と言いたかったのではなかろうか。

しかし、福島さんはそれを口に出さなかった。幸いなことに、そのとき、「ＳＦマガジン」が伸びてきていた。

早川書房が生んだ最高の編集者

福島正実には、二つの笑顔があった。一つはシニカルな微笑と、もう一つは優しい微笑。福島さんはときとして、実に優しく笑うことのできる人だった。もちろん、そういう微笑はめったにみせなかったけれど、喫茶店でいっしょにコーヒーを飲んでいるときなどちらりと見せることがあった。

そういうとき、私は、ああ、この人は私がかわいいんだなあ、と思ったものである。好意などというものではなかった。私は福島さんの身内なのだと思ったのである。福島さんと本当に親しかった人は、彼のその微笑を知っていると思うし、私の言うこともわかってくれると思う。

福島さんに小説を書かせたのは、彼のそのような優しい微笑、優しい心ではなかっただろうか。私はいまそのことに気がつくのである。彼の急死を惜しむのは、福島さんが作家として十分な仕事ができなかったからである。

福島さんは自分をこわすことのできる人だった。その意味でも、彼は編集者よりも作家だったと私は思う。このことはつい最近になってわかったのである。

編集の仕事が、福島さんは好きだった。彼こそ、早川書房が生んだ最高の編集者であると断言してもいいだろう。企画ができただけでなく、実務の面でもほとんど完璧な編集者だった。私は正直なところ、福島さんの小説を買っていなかった。けれども、あらためて読み返してみて、彼の急死を惜しむのである。作家としての大きな可能性を秘めながら、福島さんは早死したのである。

福島さんが生きていたら、私は貴重な助言をもらうことができた。たぶん、そういうときは、例のシニカルな笑みをうかべて、私を説教するところだなあ。福島さんは、おまえはばかだなあという顔をすることもあった。

福島さんが私の行くべき方向を決めてくれたと言っても、けっして言いすぎではないだろう。早川書房で私の一生は決まってしまったようなものである。『ニューヨーカー短篇集』を出せる出版社は、十年前までは早川書房しかなかった。それは誇りをもって言うことができる。早川書房をやめてから、『ニューヨーカー短篇集』が私をいろいろと助けてくれた。

『ニューヨーカー短篇集』では、福島さんも二篇ほど翻訳している。解説は私が書いたのであるが、各作家の略歴にはかなり間違いが多い。不明な部分もある。私が訳したアーウィン・ショーの「夏服を着た女たち」にしても、「ニューヨーカー」に載ったものと、短篇集にはいったものとでは、季節がちがうことをあとで知ったしだいである。

この夏（一九七九年）、そのショーの短篇集の翻訳を出してもらったが[*1]、この出版を何よりも喜んでくれたのは福島さんではないかと思う。きみもやっと念願を果たせたじゃないか、と優しい笑顔を見せてくれたのではないか。

福島さんは、私が失敗しても、けっして責めなかった。それもまた自分の責任ではないかと思っていたのだろうか。そして、他人のファイン・プレイには心から拍手を送る人だった。永井淳氏の翻訳に一番早く注目したのも福島さんである。発見の早い人だったという意味で、彼は編集者だった。

SFのシリーズが発刊され、SFの翻訳が出るたびに、もし福島さんがいたら、と考える。福島さんはパイオニアだった。オルガナイザーだった。リーダーシップがあった。

私は結婚したとき、福島さんから、アシモフの下訳を頼まれていた。それで、新婚旅行には、研究社の大英和辞典をもって出かけたのであるが、一枚も原稿ができなかった。

旅行から帰ってきて、福島さんにあやまると、すまなそうに笑って、もういいんだよ、と言ってくれた。彼は私が怠けているあいだに、自分でかなりのスピードで翻訳をすすめていたのだった。そのアシモフは最近ようやく文庫になった『鋼鉄都市』である。

私を結婚させるために、早川書房に入社させたという秘話（私にとっては、そうである）をある人から聞いたとき、私はふっきれた思いだった。長い、もやもやしたものが、私の内部から消えていった。

そして、福島正実について、私は何も知らなかったのではないか、と自分を恥じたのである。何も知らずに、福島さんのことを語ったり書いたりしてきたのではないか。

はじめに、私は中田耕治氏を識り、ついで福島さんを識り、そのあと宮田昇氏を識ることができた。この三人が私を教育したのだと思う。教室は早川書房だった。

早川書房をやめてから、私は訪ねていないけれど、あの社屋はいまでも靴を脱いで、スリッパをはいて、あがっていくのだろうか。私はいつも二階までの階段を駆けあがっていたけれど、いまはもうとてもそんな元気はない。

靴をぬいで、仕事ができる会社だったので、水虫の心配はなかったが、やめてから、私は水虫に悩まされるようになった。夏がおかげで辛くなった。その夏も終って、ほっとしている。

会社をやめたあの一九六九年は、ロング・ホット・サマーだった。

＊1　アーウィン・ショー『夏服を着た女たち』講談社刊（常盤新平訳）。

私の好きな翻訳者たち

早川書房に私が入社したころ、ハヤカワ・ミステリは毎月六点ずつ刊行することになっていた。その六点が五点だったり、四点に減ったりして、社長の早川清氏から私はよく叱られた。一九六〇年代のはじめごろは、翻訳者の数も現在よりはるかに少なかったし、仕事に追われることもなかった。

勤勉で几帳面だった翻訳者田中小実昌氏

ハヤカワ・ミステリが一冊五百枚として、翻訳者が年間にこなせるのは、多くて五冊か六冊、平均すると三、四冊だった。六冊なら二か月に一冊の割合である。しかし、一年に六冊も翻訳すると、くたびれてしまって、翌年は二冊か三冊に減ってしまうのだった。

ハヤカワ・ミステリの刊行予定が狂うのもやむをえなかった。十二月はたいてい十点以上刊行していたが、ある年には十三点になったこともある。

翻訳者のなかで、よく編集部を助けてくださったのが田中小実昌氏である。田中さんは締切に遅れるということがなかったし、しかも仕事が早かった。だから直木賞につづいて谷崎賞を受賞した田中さんが、ご自分のことを怠け者だと言われたのを読んだとき、私は意外に思った。

翻訳者として活躍していたころの田中さんは、おそらく翻訳者のなかで最も勤勉であったし、作家になられてからも、私はじつに勤勉な方だとみてきた。田中さんほど勤勉な作家は珍しいのではないかと思っている。

田中さんは勤勉で几帳面な翻訳者だった。たとえば、カーター・ブラウンの三百枚の訳稿がたいてい締切より早くできあがっていた。それで、田中さんの原稿は思いがけず早く編集部に届けられた。私など翻訳は人よりおそいので、田中さんは最も堅実な翻訳者ではないかと羨ましく思ったものである。翻訳者のなかでも最も市民意識のある人ではないかと敬服していた。

田中小実昌さんの翻訳は田中節である。カーター・ブラウンの翻訳は絶品であるが、あるとき、こちらも勉強のつもりで、原書とくらべてみたら、訳文はくずしてはいるけれども、語学的にも正確であることに驚いた。正確無比といってもいいだろう。

田中さんはもっぱらハードボイルド専門に翻訳されている。カーター・ブラウンは、田中さんの訳がなかったら、これほど知られるようになっただろうか。チャンドラーやハメットも翻訳されているが、私の見るところ、カーター・ブラウンと同じく田中節である。

チャンドラーの『湖中の女』や『高い窓』は清水俊二氏のピンチヒッターなのであるが、それでも、田中さんはあっさりとやってのけられた。こんなに仕事熱心な翻訳者もいないのではないかと私が思ったのも無理はないだろう。

初対面のときから、田中さんは現在のようにカジュアルな服装をしていた。世捨人のような感じがあったけれども、翻訳のほうは精力的にやっておられた。ハヤカワ・ミステリでも、田中さんは最も多く翻訳されている一人だろう。怠け者だったら、あんなにはできない。こまめな人だ、というのが田中さんからうけた私の印象である。

訳文にスピードがある井上一夫氏の翻訳

個人的な好みをいえば、私は井上一夫氏の翻訳を愛読している。スピードがあって、早く読ませてくれる。作者の名前は忘れてしまったが、ハヤカワ・ミステリで、井上さんの訳に『首つり判事』というのがあった。大して評判にならなかったが、すぐれたミステリーだったし、井上さんの翻訳もよかった。

井上さんはイアン・フレミングの訳者として有名である。戦後に一人の作家の作品がこれだけ売れたシリーズはなかったのではあるまいか。

生前、福島正実はよく言っていた。翻訳者にはベストセラーにめぐまれるチャンスが三度ある、と。私の翻訳も映画にたすけられて、ベストセラーになったものがある。福島さんの言葉は、たぶん、こつこつと仕事をしていれば、かならずむくいられるという意味だろう。

井上一夫氏も、早川書房時代の私にとっては、田中小実昌氏と同じように有難い翻訳者だった。フレミングは、どういう事情があったのか、翻訳の引き受け手がなかったと聞いている。井上さんはそれをこつこつとやられて、映画でブームが来たときは、フレミングの作品を訳しおえていて、あとは彼の新作を待つばかりだった。

エド・マクベインも井上さんの専門である。それから、ハロルド・ロビンズ。ロビンズは、私は井上さんの訳で読んでいる。

前にも書いたことであるが、井上さんの訳文はスピードがある。かりに私が訳したら読むのに五時間かかるとすれば、井上さんの訳は二、三時間で読めるだろう。井上さんの訳には、一種の快さがある。そして、田中さんと同じく井上節である。

作家によって訳し分けるのは、ほとんど不可能であると思う。私は最近、あるアンソロジーを訳してみたが、はじめから文体を変えて訳すということなど考えなかった。もともと、それは無理なことだと諦めていた。

訳し分けるなどの文体の持ち主であれば、翻訳なんかしていないだろう。そういう人は小説でも書くべきだ。私は不器用だから、作家によってとか作品によって訳文の文体を変えていくことなどとてもできない。

翻訳の上で、井上さんから学んだことが多い。それは、少しでも訳文を読みやすくすることである。読みやすさという点で、井上さんにかなう翻訳者はいないと思う。

早川書房をやめてから、多数の翻訳家が登場した。おそらくこんなに翻訳者が多い時代はなかっただろう。翻訳書がそれだけ読まれるようになったということである。

翻訳家志願が多いのも、昔なら考えられなかったことである。私自身はしょうがなくて翻訳者になったところがある。翻訳しかできなかったし、翻訳で食ってゆけるものなら、それにこしたことはないと思っていた。しかし、これはやくざな商売だと覚悟していた。

自分の目で見るまでは信用しない

本来なら、私は翻訳だけしていればいいのであるが、アメリカの新聞や雑誌を読んでいるうちに、新聞や雑誌をたねにして、雑文を書くようになってしまった。そういう人間が翻訳家のなかに一人ぐらいいてもいいのではないかと思っている。

そのかわり、アメリカのベストセラー小説は敬遠してきた。生意気なようであるが、アメリカのベストセラー小説は、とくにベストセラーの常連作家の作品は底が見えてきたのである。ストーリーだけで意外性が、私にとってはなくなってしまった。そろそろセックス・シーンがはじまるのではないかと思っていると、セックス・シーンにぶつかるほど味気ないことはない。そうであれば、ミステリーのほうが面白いと考えていた。

私にとっては、ノンフィクションのほうが、読むスリルがあった。ノンフィクションがより確かなアメリカを教えてくれるような気がした。それで、かえって翻訳で苦労することになった。トム・ウルフのニュー・ジャーナリズム論を訳すのに、八か月もかかっている。[*1]ゲイ・タリーズの翻訳も苦しみの連続だった。おかげで、仕事をしないで遊んでばかりいるのではないかという噂もたったらしい。

しかし、この夏、スティーヴン・シェパードという新人の『400』[*2]を読んで、またベストセラー小説を読んでみる気になった。シェパードはイギリス人である。できれば、アメリカの小説を読んでみたい。ベストセラーになった小説をかたっぱしから読んでいくのである。ベストセラーから見たアメリカというものを考えてみたい。

シドニー・シェルドンやアーヴィング・ウォーレスやジェームズ・クラヴェルなどの、あの、枕になるような小説を読むのは一仕事であるが、いったん読みはじめたら、それは一気に読めるはずだ。これを来年の課題にしたい。いまから来年の話をしても仕方がないが。しかし、掘り出しものが見つかるかもしれない。

どうせ翻訳が出るのであれば、原書を読む必要もあるまいと思ってきた。ベストセラーであれば、出版社も信用できる翻訳者に依頼するから、安心して読める。しかし、翻訳が出版されるまでに、時間がかかる。その間にペイパーバックが出てしまう。そのペイパーバックを読もう。しかも、未訳のベストセラー小説もまだ多いのだ。これもまた、活字を通して見るアメリカである。

一方で、そんな手をひろげてはいけないと思うが、読むだけならいいだろう。アメリカの大衆小説を調べるとなると、これはもう大仕事である。

「パブリッシャーズ・ウィークリー」はベストセラーのリストを十五位まで載せるようになった。それで、なんだかベストセラーの有難味がなくなったような気がする。十位までしか載せないほうが、稀少価値があったのではないか。

こちらも、アメリカのベストセラーを以前より冷静な目で見ることができるようになった。早川書房に入社当時は、ベストセラー・リストも興味をひかなかった。翻訳しても、ベストセラーになる可能性がほとんどなかったからだろう。いまでも、その保証はない。ベストセラーに私が注目したのは、一九六九年ごろから七五年にかけてだった。ベストセラーの出版争奪戦が盛んだった時期である。

結局、アメリカでどんなに売れていても、自分の目で見るまでは信用しないということを私は学んだのである。読まないで、あれこれ言うのは間違っている。どんなものでも読んでおけば、翻訳するときの参考になる。辞書を引くだけでは、翻訳はできない。つまらない知識が翻訳に必要である。

早川書房にいたことは、翻訳の勉強になった。翻訳者の原稿を読むことができただけでも幸福だったと思う。早川書房はその意味で翻訳道場だった。

しかし、早川書房をやめて気がついたのは、ほかの出版社のほうが辞典類や参考文献がそろっていたことである。いまは、早川書房も完備しているのだろうが。

田中小実昌氏や井上一夫氏のほかにも、私の好きな翻訳者がいる。とくに、熱心に仕事をしている人には敬意をおぼえる。翻訳家は翻訳すべきであって、みだりに雑文を書くべきではないと反省しないわけにいかない。

翻訳家の新しい世代が時代をリードしつつある

田中さんと井上さんがとくに印象に残っているのは、たのもしい働き手だったからだろう。現在なら、池央耿《ひろあき》氏だろうか。氏の翻訳が出るたびに、私は驚嘆する。高見浩氏の着実なお仕事にも敬服している。翻訳家の新しい世代が翻訳出版界をリードしているという感じがする。

私が知っていた翻訳者のなかには、故人となった方も何人かいる。そのうちの一人、M氏は、知り合ったころ、もう相当のお年齢だった。戦前から翻訳の仕事をされていた方であるが、けっしてうまくはなかったし、カトリックの神父を牧師と訳したりしていた。M氏はディクスン・カーをよく訳されていた。ハヤカワ・ミステリを一年に三冊か四冊訳されていたのではないだろうか。

このM氏は、原稿ができると、早川書房にやってこられて、私をお茶に誘ってくださった。よく戦前の話をされたのを記憶している。戦前から翻訳の仕事をしているということが私には驚異だった。

私には、翻訳出版が戦後からはじまったという錯覚がある。しかし、戦前にボビー・ジョーンズの『フェアウェイの彼方へ』[*3]や、フレデリック・ルイス・アレンの『オンリー・イエスタデイ』[*4]も出ている。『風と共に去りぬ』だってそうではないか。私は阿部知二編の『現代英米短篇集』というアンソロジーを愛蔵しているが、これは昭和十六年（一九四一）の本である。

このアンソロジーには、先月（一九七九年八月）亡くなられた龍口《たつのくち》直太郎氏のウィリアム・サローヤンの短篇の翻訳が収められている。「僕の故郷では誰でも礼儀を知っている」という名訳である。この短篇でサローヤンを知った読者もいたのではないかと思うと、翻訳の仕事もまんざら悪くないなと元気が出てくる。

自分の翻訳した本に大きな影響を受けている

すぐれた訳を読むと、それを吹聴したくなる。書評を依頼されれば、翻訳のよさを強調したくなる。翻訳が悪い場合は、こちらは沈黙するしかない。

なんども言うようであるが、私は誤訳をあまり問題にしない。そういう時代はとうにすぎてしまった。いまは、翻訳が原作にどこまで迫っているかが問題になる。ただうまいだけでは、私は満足しない。といって、原作よりすぐれた翻訳ができるとは思わないが。

翻訳というのは因果な商売である。人の褌《ふんどし》で角力《すもう》を取るのだから、こういう作業が職業として成立するのは、日本だけだろう。私もその翻訳者の端くれである。

そして、翻訳者としてはいまだに迷っている。小説を訳したいのであるが、ノンフィクションのほうに意欲がわいてくる。どちらにすべきかで迷っている。もう少し時間が欲しいと思う。翻訳の仕事は好きなのである。

早川書房時代には、まだ時間があった。古本屋をのぞく時間もあったし、読んだ本について話し合う時間もあった。いまは、辞書をひく時間しかない。編集者だった時代をなつかしく思う。そして、ずいぶん遠くまで来てしまったと思う。この十年間で、アメリカを見る目がすっかり変ってしまった。

結局、私は自分の翻訳した本に大きな影響を受けている。これは私にとって幸福なことである。翻訳者として、こんなにめぐまれたことはないだろう。

早川書房時代には知らなかった人たちを、この十年間に知った。彼らはアメリカの作家やジャーナリストだけではない。日本人も数多くいる。その人たちは編集者である。彼らから、私は編集の仕事をあらためて教えてもらった。

アメリカの作家やジャーナリストについていうなら、作家はジョーン・ディディオンやグレース・ペイリーといった女流作家であり、ジョン・レナードやラッセル・ベイカーといったジャーナリストである。

＊1　「ニュー・ジャーナリズム論——小説を甦らせるもの」（「海」一九七四年十二月号掲載）。
＊2　邦訳『ザ・400《フォーハンドレッド》』は、一九八一年に角川書店より刊行された（高見浩訳）。
＊3　『ダウン・ザ・フェアウェイ』一九三三年、目黒書店刊（近藤経一訳）、『フェアウェイの彼方へ』一九三四年、黎明社刊（近藤彌一訳）。
＊4　『米国現代史』一九四〇年、改造社刊（福田実訳）。

翻訳は辛く楽しい仕事

はじめてニューヨークに行ったとき、わずか十日たらずの滞在だったが、毎日、出版社やリテラリー・エイジェンシーを五、六社訪ねた。去年（一九七八年）の春、十年ぶりでニューヨークを訪れたときは、新社屋のハーパー・アンド・ロウ社やマグロー・ヒル社を外から眺めただけである。

そのかわり、十年前にはできなかった新刊の書店と古本屋をのぞいてまわった。古書店では、探している本が意外になかったので、神保町は便利だと思ったものである。あるいは、私の探し方が間違っていたのかもしれない。しかし、たとえば、ごひいきのアーウィン・ショーの小説は、ここ数年間の彼のベストセラーしかなかった。

一時、私はベン・ヘクトのものを読みたくて、ニュージャージーのある古書店に問い合わせたことがあったけれど、値段が高くて諦めてしまった。ところが、それからまもなく、神保町の古書店にヘクトの本が何冊かまとまって出たのである。

邦訳が出ているフレデリック・ルイス・アレンの『オンリー・イエスタデイ』にしても、美麗なハードカバーを神保町で見つけることができた。ニューヨークで『オンリー・イエスタデイ』が簡単に見つかるだろうかという気がする。


ゴシップ好きと真実を知りたいという好奇心

あまり収穫のなかった古本屋歩きをしながら、私は翻訳出版の中枢からはるかに遠ざかってしまったことを知った。もうその能力も体力もないと思った。

そのことは数年前から気がついている。「パブリッシャーズ・ウィークリー」を見る私の目が変ってしまった。いつのまにか、私はこの業界誌を読者として読むようになっていた。早川書房時代に味わっていた、「パブリッシャーズ・ウィークリー」のページをひらくときの、あの緊張感はなくなっていた。

もっとも、早川書房をやめてからこの十年のあいだに、「パブリッシャーズ・ウィークリー」の魔力は失われてしまったようである。かつては、最も早く新刊の情報を伝達してくれたけれども、いまや「ＰＷ」では間に合わない。本はニュースであり、したがって、新聞や週刊誌が「パブリッシャーズ・ウィークリー」より早く報じてくれる。ジュディス・クランツの

『プリンセス・デイジー』やゲイ・タリーズの『汝の隣人の妻』がそうだ。タリーズの新刊が出ることは「エスクァイア」十一月号で知った。ニューヨークから帰った友人が発売されたばかりの「エスクァイア」をお土産に持ってきてくれたのである。

いろんなところから、本の情報がはいってくるようになった。それはお金がかかるということである。時間もかかる。

私は現場から遠くはなれてしまったのに、十年間これをつづけてきた。都心に出たときは、二日遅れの「ニューヨーク・タイムズ」紙をなるべく手に入れるようにしているが、本に関する記事しか読まないので、もったいないという気がしないでもない。

しかし、たまたま買った「タイムズ」紙にトム・ウルフの『ザ・ライト・スタッフ』の書評などが載っているとうれしいものである。儲かったという気がする。

結局、私はアメリカの出版界をこのような活字を通して見てきたことになる。編集者としてよりも一読者として関心を持ってきた。そして、アメリカ出版界のことをいささかでも知ることができたのは、翻訳中心の出版社に勤めていたおかげである。その翻訳はもっぱらアメリカの本だったから、アメリカの出版界について勉強するのは、会社のためになったと思っている。

アメリカの出版界に興味を持ったのは、一つには、誰もそんなものに関心がなかったからだろう。それを知ったところで、べつに自慢にはならなかった。私はゴシップが好きだったのである。ノンフィクションが好きなのも、私のゴシップ好きから来ているのではないか。事実を知りたいという好奇心である。

ただし、そのおかげで、ニュー・ジャーナリズムも知ったし、ゲイ・タリーズも知った。「タイムズ」紙のラッセル・ベイカーやジョン・レナードを知ることができた。

書評や雑文を書くとは予想もしなかった

この二十年をふりかえると、ずいぶん道草を食ったように思う。あまり翻訳をしないで、雑文を書いていたために、去年から今年にかけて、ぼろくそに言われた。この夏からは、私にしては珍しく翻訳や雑文が本になったので、私に対する悪口も少しは下火になったらしいが、翻訳ばかりしていると、じつのところ、私などは息がつまりそうになる。それで頼まれれば、つい雑文を書いてしまう。

新刊の紹介といったこまごました雑文を無署名で書くのが、私は意外に好きなのである。ただ、誰かがそういう仕事をしなければならないのではないか。ジョン・アップダイクやフィリップ・ロスなどの新作なら、大学の先生がやる。けれども、ノンフィクションは、私のような者がやらないと、どなたも紹介しない。

アメリカのジャーナリズムをできるかぎり知らせることを、私は自分の仕事にしてきた。だから、小説よりもノンフィクションの翻訳に力を入れてきた。そこで、自分の力不足を痛感することになる。

これは、はたから見れば、私のわがままであるかもしれない。しかし、私は早川書房で『ニューヨーカー短篇集』を出すまでに十年以上もかかっている。「ニューヨーカー」だって私の道草だった。マフィアも道草だったし、アメリカン・ジャーナリズムだってそうであると思う。わが早川書房は、編集者が、そういう道草を食っても大目に見てくれたところがある。

ニューヨークの古本屋を歩きながら、私は早川書房時代によく神保町の古本屋に通ったことを思い出した。いまは、昔ほど熱心に古書店をのぞくこともない。それだけ年齢をとったということである。競馬では、馬がずるくなったというが、私もそうである。ずるくなったし、ものぐさになった。

翻訳出版について、私が一翻訳者になり、一読者になったのは、翻訳出版ですぐれた、熱心な編集者を何人か識ったからである。彼らと知り合いになって、この連載がじつに恥かしくなったし、書きにくくなった。それに、書くこともなくなってしまった。

そういう人たちから、逆に教えられることが多かった。彼らといっしょに仕事をすることで、翻訳出版の編集を教えられた。私は編集者である一方で、翻訳者だった。つまり、二足のワラジをはいていたわけであるが、どちらか一方を選べとそのとき選択を迫られていたら、私は翻訳者のほうを選んでいただろう。

翻訳出版でも、編集の仕事は変らないのである。翻訳出版の特殊な編集といったものは存在しない。私を担当してくれた編集者たちはじつによく、丹念に拙訳を読んでくれた。私も彼らに頼るところがあった。

いまや、翻訳出版は珍しいことではなくなっている。出版社であれば、たいてい手がけているし、読者も十年前にくらべたら、比較にならないほどふえている。片仮名の多い私の雑文集でも売れる世の中である。これは、早川書房をやめるときに考えてはいなかった。

早川書房をやめてからは、私にとっては予想外のことばかり起きている。書評を書くようになったこともその一つであるし、アメリカン・ジャーナリズムについて知ったかぶりのことを書くようになったこともそうである。

書評はほとんど翻訳ものであって、これは珍しいことではないかとひそかにうぬぼれてきた。この書評のために、「ニューヨーク・タイムズ」紙や「ヴィレッジ・ヴォイス」紙、「タイム」、「ニューズウィーク」両誌の書評に気をつけているのだが、その切り抜きをつくっておかないものだから、いざ書評を書くときになって、結局参考にすることができない。

日本のジャーナリズムはアメリカのコピーでは？

ハヤカワ・ノヴェルズの目的の一つは、海外のエンターテインメントの紹介にあった。アメリカの大衆小説がどんなに面白いかをわかってもらいたかったのである。どんなにぶあつい小説でも、読みだしたらやめられないと思っていた。しかし、それが定着すると、私のほうはエンターテインメントに食傷気味になっていた。

自分でも意外だった。私自身が偏狭であることに気がついた。それも、つい最近のことである。エンターテインメントの別の楽しみ方があることを知らなかった。これは私の生活のゆとりがなかった結果である。まず楽しむ必要があるので、ノンフィクションとくらべてもしょうがない。初心にかえって、マリオ・プーゾでもジュディス・クランツでも素直に読んでみるのである。

アメリカやイギリスで評判になった小説はほとんど翻訳される。昔は考えられなかったことであるが、来たるべき八〇年代は英米のベストセラー小説はすべて日本語で読めるだろう。それが有難くもあり、困ったことでもある。しかも、アメリカでベストセラーにならなかった小説がわが国で売れるということもありうるだろう。

私が勤めていたころの早川書房の読者は、特殊な読者だった。読者のなかの少数派だったと思う。チャンドラーがいいとか、ウールリッチ（アイリッシュ）がいいと言う人はごく限られていたし、変り者とみられてもしかたがなかった。いまは、チャンドラーを好きだということが流行のようになっている。

マフィアもニュー・ジャーナリズムも常識になってしまった。ときどき、私は日本のジャーナリズムがアメリカのコピーではないかと思うことがある。アメリカと日本がいまや至近距離にある。翻訳が読まれるのも当然である。日米同時出版のケースもますます多くなるだろう。しかし、著者が二年も三年もかかって書きあげたものをわずか二、三か月で訳してしまうのも、なんとなく気がひける。味気なく翻訳ができるのではないかという気もする。もちろん、これはケース・バイ・ケースである。時間をかけてもいいものもあるし、一刻も早く片づけなければならない本もある。

できれば、私は時間をかけてもいい本を翻訳したいのであるが、しかし、これからもそのようなわがままは許されるのだろうか。

私自身、早川書房時代も、早川書房をやめてからも、幸運にめぐまれてきたと思っている。いつも貧乏であるが、それは私のわがままであって、仕事にはたぶん恵まれていた。願わくは、八〇年代もそうであって欲しい。

ただ、八〇年代のことは私は考えていないのである。八〇年代の翻訳出版がどうなるかなどという予想をたてることができない。今日明日のことで頭がいっぱいだというほどではないけれど、来年のことを考えると、やはり頭が痛くなってくる。

まず、仕事を一つひとつ片づけていくしかない。そして、ようやくこの連載も終るかと思うと、ほっとする。

一九六九年は翻訳出版の転機だった

翻訳出版について、もう少しましなことが書けると思っていた。八〇年代についても、展望をこころみることができるのではないか、とタカをくくっていた。そういうことは、しょせん私には、無理な注文だったので、つい馬脚をあらわしてしまった。

翻訳出版という特殊な分野が、この十年のあいだに一般的な分野になった。銀座の旭屋書店や新宿の紀伊國屋をのぞけば、『ジャパン・アズ・ナンバー・ワン』や『ザ・ジャパニーズ』、『エネルギー』がどんと積んである。天中殺とかいう本などより定価が高いのに、それがどんどん売れてゆく。小岩の縄のれんで、土建屋風のおじさんが『ジャパン・アズ・ナンバー・ワン』を手にして、若い男に、お前もこういう本を読んで勉強しろ、と言っていたそうである。

翻訳出版はたしかに盛んであるけれども、そのパイオニアとして早川書房があったことに、どなたも異存はないだろう。日本がまだ貧しく、日本人が片仮名を敵視していたころから、早川書房は翻訳出版に活路を見出してきた。その早川書房は未知の、新しい作家、作品を意欲的に紹介してきた。

おそらく、早川清氏は前途を悲観したときもあったにちがいない。ただ、早川さんは新しいもの、未知のものの出版に積極的だった。その意味で、アウトサイダーだったけれども、その努力がむくわれて、早川書房は時代をリードしている。

七〇年代は他社がその早川書房に猛然と急追した十年だった。そのことを興味深く思う。ミステリーもSFも、もはや早川書房の独占ではなくなり、他社も共有するにいたった。競争の時代にはいったのである。金と頭が物を言う時代である。かりに私が早川書房に在籍していたとすれば、つねに版権争奪戦からはじきとばされていたにちがいない。

一九六九年に私は早川書房をやめたのであるが、この年は翻訳出版の一つの転機ではなかったかと思う。アメリカと日本の距離がこの年をさかいにして、いっきょに縮まったようである。アメリカ旅行が日常茶飯事のようになってしまった。まだ一ドルは三百六十円であったけれども、その十年前の三百六十円ほど、一ドルが高くは感じられなくなっていた。

この連載では、私の知っている人たちのことしか書かなかった。それで、だいぶ誤解もうけたが、それもいたしかたなかったと諦めている。ただ、翻訳出版が辛く、しかも楽しい仕事であることを書いてみたかった。書けないことのほうが多かったが。

翻訳について一ついえるのは、小説であれば、その小説の舞台となる土地を知るために、現地まで出かけて調べる翻訳者が出てくるのではないかということである。私自身、そうしたいと思っているが、先だつものがなければ、これまたできない相談である。

＊本書は「出版ニュース」一九七七年六月上旬号から七九年十二月上旬号（上旬号のみに掲載、七八年五月と七九年五月を除く）に連載された「翻訳出版編集後記」をまとめたものです。

＊全二十九篇のうちの七篇は、一九八一年にサイマル出版会から刊行された『ブックス＆マガジンズ』に収録されています。該当の諸篇は同書を底本としましたが、見出しなど一部は初出誌に従いました。

＊文字づかいは原文通りとし、人名や雑誌名の表記も著者の方針を採用しました（「ミステリ・マガジン」の中黒の有無など）。なお、誤記を訂正したり、わずかながら重複する一文を割愛した箇所があります。

＊連載終了後に刊行された書籍や、書名が省略されているものなど、補足説明が必要と思われる事項には註釈を附しました。

＊カバーと表紙の写真は、著者が保存していたものを使用しました。

解説　「後記」の後記

宮田　昇

「出版ニュース」に常盤新平が「翻訳出版編集後記」の連載を始めたのは、一九七七年六月上旬号からである。前年の四月、常盤の早川書房時代の上司、福島正実が亡くなっている。改めて通読し、常盤がその福島へのオマージュも込めて編集者時代を回顧したように思えた。

常盤新平に初めて会ったのは、一九五八年の九月、福島正実が東経堂団地に入居した日である。当時は、住宅難で住宅公団（UR都市機構）に入れることは、宝くじが当たったような気分になる時代であった。私など、二度も応募したが入居叶わず、福島が引っ越しした日の夕方、祝いを兼ねて公団住宅がいかなるものか見に行った。

そこで大量のペイパーバックを書棚に並べる手伝いをしていた常盤新平に会うことになる。彼は福島の下訳をしていると自ら名乗った。福島が中田耕治にその翻訳の誤訳を指摘したところ、下訳者に直接言ってもらうと勉強になるとして、常盤を紹介したようすだった。

初対面なのになんの翳りもなく、臆せず対話をしてくる彼に、私が好感を持ったことは間違いない。常盤新平が二十七歳の時である。それから彼の死までの半世紀以上の間、多くの曲折があって、ときには交わりが絶えた時もあったが続いた。

翌年の三月、常盤新平は早川書房に入社し、五月、結婚した。常盤は、早川書房に出入りしている中で、早川清に見出されて入社したと言っているし、事実そうであったかもしれないが、福島正実の強い推挽があってのことである。

十年後の一九六九年四月、辞めていった福島正実の後任の編集部長になりながら、半年後の九月に早川書房を退社した経緯については、すでに私の著書（『新編 戦後翻訳風雲録』）で触れているので省く。少なくとも早川書房の内外でいっとき言われたように、「常盤が悪い人間」であったから辞職に追い込まれたのではない。またそのときに出来た労働組合へのシンパシーのせいでもない。

第三者である私から見ても、常盤新平は重用する部下をなにかにつけて面倒を見た。その中堅の部下たちが、新入社員たちがこしらえようとした労働組合に加入をせまられて入り、しかも労組の三役に名を連ねた。

福島正実は、編集のトップは経営者側にたつことであるのに、それを常盤が十分理解していなかったとして嘆いた。たしかに常盤は、中小零細企業のオーナーが持つ労働組合に対する異常な警戒や、重用されなかった他の社員の反発への配慮に欠けていた。労組の役員になった部下たちだけで会議を開くなど、疑念を惹き起こされてもしかたなかった。

常盤が辞めた後、その重用していた部下の二人が、彼に殉じて辞めると言ってくると、すぐさまその転職を私に依頼してきた。優秀な人たちだったから、私が世話をしたそれぞれの出版社では、大きな戦力になったはずである。

常盤は、辞職に追いやった早川清について、本書の冒頭に、彼に連れられて行ったアメリカでの出来事を懐かしく綴っている。常盤はその時点でも、早川清に対してもアンビバレントな感情を持ち続けていたことがわかる。

そのように常盤新平は、よかれあしかれ絶えず情の人だったと思う。振り返って見て、彼が創刊し、一号雑誌になってしまった「ホリデイ」にしても、彼の知識と感性を生かし切れなかったのは、その情が邪魔をした。

大学では後輩で年下なのだが、早川書房では先輩の当時「エラリー・クイーンズ・ミステリ・マガジン」の編集長だった小泉太郎（生島治郎）と、常盤は大変親しかった。親しいだけであれば問題ないのだが、彼には一目を置いていた。一号雑誌になったのは、彼があまりにも小泉の企画助言に従い過ぎたからである。

そういえば、「ホリデイ」の編集者として雇われ、その休刊とともに失職した矢野浩三郎に、常盤は下訳をまわすなど面倒を見てやるだけでなく、奥さんの実家に移るまで住んでいた小金井のアパートを紹介もした。のちにタトル商会の著作権部に入社したのも、彼が私に推薦したからであった。

その面倒見の良さは、早川書房を辞めてからも、止むことがなかった。彼は「可哀そうだ」といって、彼と親しかった人の仕事の斡旋《あっせん》を頼んできた。また常盤は関係が深かった「シグネチャー」に、それらシンパシーを感じる人たちが執筆できる機会を与えた。

私とても彼の要望をすべて満足させたわけでなく、その面倒見の良さを批判したこともある。またその情の深さが、災いを呼ぶことも彼にアドヴァイスした。さらに「出版ニュース」の連載では、私をはじめ彼の親しい人に「偏した内容」、「贔屓《ひいき》の引き倒し」だと物申したことで、彼の不興を買いもした。

福島正実は常盤新平が早川書房を辞めたことに、後継を託したのにとぼやいた。私は私で、矢野浩三郎が創めた矢野著作権事務所には、大きな痛手だと感じた。編集会議を含めあらゆる会議に出るに及ばずという、常盤を完全に干す会社命令が出たとき、空しかったのだが、その理由を質しに早川清社長に会いに行ったのは、そのためであった。

私は常盤新平が早川書房を辞める二年前の一九六七年に、タトルを辞めていた。その前に私と親しかったゆえに、契約社員だった矢野浩三郎は契約を切られ、タトルから海外評論社に移っていたが、社長と折り合いが悪く、その年に矢野著作権事務所を始めた。その独立を私が安心して見ておられたのは、早川書房にいた常盤新平が全面的にバックアップしてくれたからである。

海外のように、著者のエージェントとしてまず働き、それの翻訳権を含めた副次権を扱い、海外のエージェントと対等に渡り合う。その結果、翻訳権の輸出入で対等な立場で交渉できるようにする。それが私の十数年の経験から得た望ましいエージェントのあり方であった。矢野はそれを実現したいとして創業した。

もちろん、すぐ国内の著者を発掘し、それで採算を取るなど無理な話で、まず翻訳者のエージェントになってその仕事を世話することから始めなければならなかった。その場合、企画、翻訳権の取得も併せてやらないかぎり、うまくいくわけがない。常盤は、出来る限り翻訳権を矢野を通じてとることで、それを支えたのである。

早川書房における翻訳出版は、SFを除いてすべて企画から翻訳権の取得まで常盤新平の手によって行われていた。それがミステリー以外の分野、ハヤカワ・ノヴェルズ、ハヤカワ・ノンフィクションを産み出し、海外のエンターテイメントの翻訳出版成功の嚆矢《こうし》となった。後にベストセラーになるマリオ・プーゾの『ゴッドファーザー』も、常盤が逸早く企画し、矢野著作権事務所を通じて翻訳権を取り、翻訳も依頼し、矢野はエージェントとして一ノ瀬直二（加島祥造）に翻訳を回した。それが矢野著作権事務所に大きな恵みを与えた。

常盤新平が辞めたことで、早川書房は、子息の早川浩が代わって翻訳出版を仕切った。タトルを通さないかぎり契約できないものを除いて、常盤時代、矢野著作権事務所を通じて翻訳権を取得できた類のものは、すべて直接の交渉に切り替えた。子息は海外へ出張して、現地で契約した。

もともと海外の出版社、エージェントとなんのつながりもなく発足した矢野著作権事務所である。翻訳ものの出版では抜きんでていた早川書房の利用がなければ、当初の軸とする翻訳の斡旋も難しくなる。存立の危機だった。

私は執筆活動を辞めて矢野著作権事務所に加わり、社名を日本ユニ・エージェンシーに変えて代表になった。河出書房が倒産したので常盤新平と親しい河出インターナショナル社長の青木日出夫も役員に迎え、常盤には顧問になってもらった。

だが、翻訳権仲介の世界は、常盤新平が本書で「一九六九年は翻訳出版の転機だった」と言っているように、その年を境に大きく変わり始めていた。常盤新平が、ハヤカワ・ノヴェルズやその他で、翻訳出版に成功したことが、それを促したともいえる。「つつましい」と常盤が表現した翻訳出版は、彼が編集現場を離れてから「翻訳出版編集後記」を執筆する一九七七年の間に、大きく変貌した。

常盤が書いているように、アドヴァンス（契約時前払い印税）百二十五ドルの申し込みに対して百五十ドルという回答に、編集会議で呑むか呑まざるかで大激論になった時から、二千ドルでは低いと言われて三千ドルのカウンターオファーをすぐ出す時代になったのである。かつてはマイナーだった翻訳出版も、大手を初め多くの出版社が参入するまでに拡大した。

考えてみると、私はつくづく常盤が編集者を辞めたこと、さらにその半年前に福島正実が早川書房から退いたことが惜しまれてならない。しかし、死んだ子の歳を数えるようなもので、あのバブルの時代、翻訳出版の趨勢は変わらなかったと思う。高額なアドヴァンスを払い、数々のベストセラーを出しはしたものの、最後には一社で十数億円を過払い印税として償却するに至るまで、その狂乱は終わらなかった。

その中でもがいた私だが、翻訳権の現場を離れて二十年も経つ。いまはどうなっているのか知らないが、売り手（海外の権利者・エージェント）が主導権を持っている実情にほぼ変わりないのではないだろうか。

いま必要なのは、翻訳出版の編集者が、かつての常盤新平のように「パブリッシャーズ・ウィークリー」に目を走らせ、海外の書評を読み、エージェントまかせでなく主体的に企画することではないだろうか。電子書籍時代でも、それに変わりはない。この「翻訳出版編集後記」は、その面で教科書にもなり得る貴重なものだと思う。

これが書かれてから四十年余たつが、改めて読んで、この連載の二年半の間で、文章も内容も、常盤新平が大きく変わっていったのを知った。それは編集者から翻訳者、エッセイストへ完全に脱皮したことである。

常盤新平（ときわ・しんぺい）

一九三一年（昭和六年）
三月一日、岩手県水沢市（現・奥州市）の宮下町に生まれる。

一九四四年（昭和十九年）十三歳
宮城県仙台第二中学校（旧制。学制の改革により四八年から宮城県仙台第二高等学校）に入学する。

一九五〇年（昭和二十五年）十九歳
早稲田大学文学部英文学科に進学。

一九五四年（昭和二十九年）二十三歳
早稲田大学大学院へ進むものの、講義にはほとんど出席せず、アメリカのペイパーバックや雑誌を耽読。ときおり、下訳の仕事を中田耕治から回してもらうようになる。

一九五八年（昭和三十三年）二十七歳
中田耕治に早川書房の福島正実を紹介され、E・S・ガードナーの中篇小説『腹の空いた馬』を翻訳する。

一九五九年（昭和三十四年）二十八歳
早川書房に入社。ハヤカワ・ミステリ（ポケット・ミステリ）や『グレアム・グリーン選集』を担当する。

一九六一年（昭和三十六年）三十歳
新雑誌の編集長に任ぜられて「ホリデイ」を創刊。一号で廃刊になる。

一九六二年（昭和三十七年）三十一歳
この頃より数年間にわたり、勤務のかたわら、学年誌付録の探偵小説や実録ものの翻訳を数多く手がける。

一九六三年（昭和三十八年）三十二歳
都筑道夫、小泉太郎（生島治郎）に続いて「エラリイ・クイーンズ・ミステリ・マガジン」編集長になる。

一九六四年（昭和三十九年）三十三歳
初の著書『狂乱の一九二〇年代』を刊行する（大原寿人名義）。ハヤカワ・ノヴェルズを創刊。冒険小説をはじめとするエンターテインメントの分野に光を当てて好評を得る。

一九六五年（昭和四十年）三十四歳
伝記や戦記を中心としたハヤカワ・ノンフィクションの刊行を始める。

一九六七年（昭和四十二年）三十六歳
社長の早川清とともにニューヨークを初めて訪問し、出版社やリテラリー・エージェントを視察する。

一九六九年（昭和四十四年）三十八歳
福島正実の辞職により編集部長に昇進するが、組合運動の余波を受けて退社。翻訳家として独立する。

一九七三年（昭和四十八年）四十二歳
訳書『汝の父を敬え』を刊行。

一九七四年（昭和四十九年）四十三歳
訳書『大統領の陰謀』がベストセラーになる。翻訳のほか、エッセイやコラムの執筆が次第に増えてくる。

一九七八年（昭和五十三年）四十七歳
ニューヨークを再訪。以来、九〇年代にかけてほぼ毎年足を運ぶ。

一九七九年（昭和五十四年）四十八歳
エッセイ集『アメリカが見える窓』刊行。以後、『はじまりはジャズ・エイジ』、『ニューヨーク紳士録』など、アメリカの文化や風俗を紹介する本を次々に著す。編集委員を務める「ハッピーエンド通信」創刊。訳書『夏服を着た女たち』刊行。

一九八七年（昭和六十二年）五十六歳
小説集『遠いアメリカ』で直木三十五賞を受賞。これを機に、仕事の重点が翻訳から小説執筆へ移行する。

二〇一三年（平成二十五年）
一月二十二日、肺炎のため町田市内の病院にて死去。享年八十一。

翻《ほん》訳《やく》出《しゅつ》版《ぱん》編《へん》集《しゅう》後《こう》記《き》

二〇一六年六月十七日　第一刷発行
二〇一六年十一月七日　第二刷発行

著　者　常盤新平
発行者　田尻　勉
発行所　幻戯書房
郵便番号一〇一－〇〇五二
東京都千代田区神田小川町三－十二
岩崎ビル二階
電　話　〇三（五二八三）三九三四
ＦＡＸ　〇三（五二八三）三九三五
ＵＲＬ　http://www.genki-shobou.co.jp/

印刷・製本　中央精版印刷

ISBN978-4-86488-098-5 C0095

明日の友を数えれば　常盤新平

欲張ってはいけない。望みはなるべくささやかなほうがいい。多くを望むのは若い人たちにまかせる──町を歩いて友人と語らい、気に入った古本を繰り返し読み、行きつけの喫茶店でコーヒーを味わう。つつましく“老い”とつき合う日常を綴った珠玉のエッセイ集。2013年、81歳で逝った著者の生前最後の単行本。　2,500円

私の「ニューヨーカー」グラフィティ　常盤新平

アメリカを代表する週刊誌「ニューヨーカー」を買いつづけて半世紀。ささやかな街の話題から人物の消息、イラク戦争のことまで、多岐にわたる魅力的なコラムを著者ならではの視点で読み解く。J・D・サリンジャー著『ライ麦畑でつかまえて』の翻訳をめぐる考察や、ニューヨーク行きの思い出話も併せて収録。　2,500円

東京の片隅　常盤新平

自分の足で歩いてこそ、体で町を知ることができる──その魅力を味わい深い筆致で描いた未刊行エッセイを集成。終のすみかとなった郊外の町、かつて住んだ川べりの町、ふと足が向く昔なじみの小さな町、愛読書から思いを馳せる古きよき町……。地下鉄に乗って、会いたい人のいる町へ出かける日々。　2,500円

いつもの旅先　常盤新平

感じのいい喫茶店や酒場のある町は、いい町なのである。それはもう文化である──おっとりした地方都市、北国の素朴な温泉宿、シチリアの小さなレストラン……内外の旅の思い出話を中心に、めぐりゆく季節への感懐や、忘れえぬ幼少時の記憶を円熟の筆でしみじみと記す、未刊行エッセイ集・第3弾。　2,500円

酒場の風景　常盤新平

〔銀河叢書〕　恋とは、夫婦とは……。銀座の小体な酒場で語られる、男と女のままならぬ人間模様。『遠いアメリカ』で直木賞を受賞した著者が、情感ゆたかに織りなす大人ための短篇連作。発表から四半世紀を経て初の書籍化。「ただの一度しかないということがある。それが一生つきまとって離れない」。　2,400円

くりかえすけど　田中小実昌

〔銀河叢書〕　世間というのはまったくバカらしく、おそろしい。テレビが普及しだしたとき、一億総白痴化──と言われた。しかし、テレビなんかはまだ罪はかるい。戦争も世間がやったことだ。一億総白痴化の最たるものだろう……著者のまなざしが静かに沁みる、初書籍化の作品集。生誕90年記念出版。　3,200円